CHEMINS DE FER

DEVANT L'OPINION PUBLIQUE

PARIS. — IMP. SIMON RAÇON ET COMP., RUE D'ERFURTH, 1.

CHEMINS DE FER

DEVANT L'OPINION PUBLIQUE

PAR

P. DE SALVANDY

PARIS

CHARLES DOUNIOL, LIBRAIRE-ÉDITEUR

29, RUE DE TOURNON, 29

—

1864

LES CHEMINS DE FER

DEVANT L'OPINION PUBLIQUE

Droits de timbre et de transmission sur les valeurs mobilières, par M. A. Leguay. Dentu, 1858. — *De la juridiction commerciale en matière de transports*, par M. E. Gervais. — *Traité du contrat de transport par terre en général, et spécialement par chemins de fer*, par M. Ch. Duverdy. N. Chaix, 1861. — *Les chemins de fer en 1862 et en 1863*, par M. Eugène Flachat. Hachette, 1863. — *Réponses des Compagnies des chemins de fer au questionnaire de la Commission.* 1862. — *Enquête sur la construction et l'exploitation des chemins de fer.* Imprimerie Impériale, 1863. — *Lettre de M. le Ministre des travaux publics aux Compagnies de chemins de fer.* 1864.

Les questions de chemins de fer prennent une place chaque jour plus importante dans les intérêts économiques du pays comme dans es préoccupations publiques. Elles sont toujours de circonstance, car, chaque année, la construction des lignes ferrées avance avec une rapidité qui n'est dépassée que par celle des concessions nouvelles, et, en pénétrant dans des contrées déshéritées jusqu'ici de ce puissant élément de progrès, la locomotive y suscite des besoins et des intérêts nouveaux, des forces productives, des sources de richesse encore inconnues. C'est là peut-être le résultat le plus fécond de l'activité moderne et le titre d'honneur le plus sérieux de notre époque. Tous les travaux qui s'y rapportent sont conçus dans le sens le plus utile au développement de la prospérité générale, et doivent être, comme tels, accueillis avec attention et intérêt.

Est-il besoin, en effet, de rappeler ce que le pays doit et devra de plus en plus à une industrie qui donne le mouvement et la vie à toutes les autres, en même temps qu'elle fournit la mesure la plus exacte de leurs progrès? L'exemple de l'Angleterre ou, plutôt encore, de la Belgique, pays placé dans des conditions plus analogues à celles où nous vivons, permet de se faire une idée des avantages de toutes sortes qu'apporte la multiplicité des lignes de fer. La progression considérable qu'a suivie, dans ces contrées, la rente de la terre depuis quelques années ne peut s'expliquer que par les économies réalisées sur les transports. Il en sera de même chez nous quand nous serons arrivés au même point, c'est-à-dire quand nous aurons autant de kilomètres de chemins de fer exploités pour la même étendue de territoire. Nous en sommes loin encore, même dans nos départements les plus favorisés, et pourtant on estime déjà à plus de 60 pour 100 l'abaissement général des frais de voiture produit par l'établissement de nos grandes lignes.

Voici par quels chiffres un des hommes les plus compétents sur ces matières établissait dès 1862 le calcul de cette réduction[1] et en traduisait les résultats.

Les tarifs moyens kilométriques des chemins de fer sont de 6 à 7 centimes par voyageur et par tonne de marchandise. Sur les routes de terre, le transport d'une tonne de marchandise coûtait, avant les chemins de fer près de 1 franc par lieue et coûte encore en moyenne 20 centimes par kilomètre : la différence est donc de 6 1/2 à 20, ou de plus des deux tiers.

Il est vrai que les prix étaient moins élevés sur les voies navigables. Mais il n'y a pas à tenir compte de cette différence, puisque la batellerie, loin d'être abandonnée, a maintenant un tonnage beaucoup plus considérable qu'avant l'établissement des voies ferrées. La recette totale des chemins de fer, en 1861, s'est élevée environ à 461,500,000 francs, sur laquelle la part afférente aux expéditions de marchandises, qui est de 56,5 pour 100, représente 260,000,000 de francs.

Par conséquent, d'après la proportion établie ci-dessus (deux tiers en sus), l'économie réalisée sur cette nature de transports doit être de 585,000,000 de francs.

En ce qui concerne les voyageurs, sans avoir des éléments de calcul aussi précis, on peut admettre que l'économie doit être proportionnellement aussi forte, et même plus considérable, si l'on tient compte du temps épargné. Ce serait donc un milliard par an au minimum que les chemins de fer nous feraient gagner sur l'ensemble de leur

[1] M. Flachat.

trafic. En d'autres termes il faudrait 1425 millions pour effectuer sur les routes de terre les transports que les chemins de fer ont exécutés pour 461 millions 1/2. Ce qui revient à dire que, sans eux, ce mouvement ne se serait pas produit.

Tel est le bénéfice du pays, et ce résultat peut seul expliquer l'énorme accroissement de forces productives qui lui a permis d'élever en quatorze ans, de 1846 à 1860, son commerce avec l'étranger de 2413 millions à 5 milliards 300 millions.

Assurément de pareils chiffres n'ont pas besoin de commentaire. Un milliard qui reste tous les ans dans la poche des producteurs et constitue une économie absolue dont personne n'a à souffrir, voilà qui doit saisir tous les esprits.

Et cependant nous devons dire, pour être exact, qu'à cette heure ce chiffre est probablement fort au-dessous de la vérité. En effet, deux années et demie se sont écoulées depuis la publication des documents qui servent de base à ces calculs, et, malgré des circonstances difficiles, le développement des transports marqué par les recettes brutes toujours croissantes des chemins de fer a dû augmenter, tout au moins dans la même proportion, le bénéfice réalisé au profit du commerce. A mesure que le temps marche, les efforts des compagnies, aussi bien que du gouvernement, tendent toujours à réduire plutôt qu'à élever les taxes. Enfin un fait important s'est produit. Les conventions de 1863 ont stipulé l'établissement d'une quatrième classe de marchandises comprenant les houilles, les engrais, les matières premières les plus importantes pour l'agriculture et pour l'industrie, en faveur desquelles l'ancien tarif de 10 centimes est réduit à 8,5, et même 4 centimes, selon les distances. Il est telle compagnie qui pense avoir fait de ce chef, sauf la compensation que pourra donner le développement de la circulation, un sacrifice annuel de près de 1 million[1].

L'évaluation indiquée plus haut ne doit donc être acceptée que

[1] Déclaration faite au mois de mai 1863, à l'assemblée générale des actionnaires de la Compagnie de la Méditerranée, au sujet du transport des houilles sur le chemin de Rhône-et-Loire. A ce sujet il s'est passé un fait étrange. C'est une pétition adressée à l'Empereur par le conseil général de la Loire, dans la session d'août, et publiée dans les journaux du mois de septembre, pétition dans laquelle la Compagnie de la Méditerranée était dénoncée, en termes très-amers, au gouvernement et au pays, pour l'inflexibilité avec laquelle elle maintenait ses anciens tarifs et la rigueur excessive qu'elle mettait à les appliquer. Comme exemple on citait précisément le bassin houiller de Saint-Étienne, soumis encore, était-il dit, à des tarifs supérieurs à ceux de 1826. Il semble donc qu'à cette époque ni les députés, ni le préfet du département, ni les membres du conseil général, ni son président, M. de Persigny, qui venait de quitter le ministère de l'Intérieur, n'avaient encore connaissance d'une mesure arrêtée depuis plus de trois mois.

comme un minimum, à coup sûr dépassé de beaucoup. A ce compte, jamais l'État n'aura fait un placement aussi magnifiquement avantageux. Que serait-ce si l'on ajoutait la rémunération directe que les chemins de fer procurent aux capitaux qui se sont engagés dans leur établissement! La construction des routes de terre qui ne donnent aucun revenu direct, puisque l'usage chez nous en est gratuit, n'en est pas moins une opération fructueuse, parce qu'elle active la production. Il en sera de même des lignes de fer projetées, qui, pourtant, selon les meilleurs calculs, donneront à peine, une fois achevées, le revenu à 5 pour 100 des sommes dépensées, et il en serait ainsi de toute voie de communication qui amènerait dans les transports une économie supérieure au revenu que pourrait régulièrement trouver le même capital s'il se consacrait à toute autre entreprise. Mais, jusqu'ici, il y a mieux : les 4500 millions employés jusqu'à la fin de 1862 dans les lignes actuellement exploitées, et dont le sixième au plus avait été fourni par le Trésor public, ont donné, à raison de 264,000,000 francs nets, un revenu de près de 6 pour 100 par an. Même à ce point de vue restreint, l'opération serait encore une bonne affaire.

Sans doute, et nous venons de l'indiquer, il n'est pas possible d'attendre dans un avenir prochain un pareil succès des travaux qui restent à faire. Ils se répartissent en trois classes de plus en plus onéreuses, selon toutes les probabilités : le deuxième réseau concédé en 1859 ; les embranchements dont les lois rendues en 1861 et 1862 ont ordonné la construction, soit par l'État, soit par des entreprises particulières ; enfin le troisième réseau des grandes compagnies qui a fait l'objet des nouvelles stipulations consacrées l'année dernière par le vote du Corps législatif. Ici l'on quitte les vallées populeuses et fertiles, les grands centres de consommation. On pénètre dans les montagnes jusqu'à des points d'une importance secondaire comme marchés. Le produit est moins considérable en même temps que le prix de revient serait plus élevé, si l'on ne se relâchait des conditions rigoureuses mises à l'établissement des lignes mères. Aussi les points de vue doivent-ils se modifier. Il s'agit de rendre possible la construction de ces embranchements, d'examiner comment leur exploitation pourra devenir fructueuse, et c'est là un nouveau champ de recherches et d'études pour le financier ou l'économiste, non moins que pour la science de l'ingénieur.

Nous n'avons pas la prétention d'aborder sous ses aspects multiples ce problème difficile et cependant nécessaire à résoudre, si l'on veut conserver à notre pays le rang qui lui appartient. Mais il peut être utile d'éclairer par l'analyse des documents les plus récents quelques-unes des questions qui s'y rattachent.

Ces questions impliquent l'appréciation du système entier d'exploitation des chemins de fer français. Avant de pousser plus loin l'œuvre si largement commencée, on sent le besoin d'étudier la nature de l'instrument puissant et nouveau créé par le génie moderne; de connaître son action sur l'ensemble de la fortune publique, les conditions dans lesquelles cette action s'exerce jusqu'ici et celles qu'il faudrait lui faire pour en tirer le parti le plus utile au développement de la prospérité générale.

Quiconque, sans idée préconçue, examinera ce dernier point, arrivera, croyons-nous, à une solution bien différente du système suivi jusqu'ici. On n'a su que réclamer sans cesse une intervention de plus en plus active de l'autorité dans les affaires des chemins de fer. Chacun s'y est employé à l'envi. Le pays, en rendant le gouvernement responsable de tout; le gouvernement, en déduisant de cette responsabilité le droit de s'occuper de tout; les assemblées délibérantes, les commissions même composées des hommes les plus compétents, tout le monde a oublié qu'il s'agissait d'une industrie et non d'une administration. Aussi ne doit-on accuser personne. Mais quelques justes reproches qui puissent être adressés aux compagnies, cette tendance constitue le vrai péril de la situation. Il doit donc être permis de s'inquiéter et de chercher à éveiller, soit dans le public, soit dans les sphères officielles, des scrupules salutaires.

I

Nous écarterons d'abord les points sur lesquels la discussion paraît épuisée, par exemple, la nécessité d'étendre le réseau des chemins de fer autant que celui des anciennes grandes routes, de manière à ce que tout producteur puisse, au moyen d'une simple journée de voiture, atteindre le rail qui le mettra en relations avec le consommateur. On peut ne pas s'avouer encore complétement cette nécessité; mais plus les promesses faites satisfont d'intérêts, plus deviennent vives les réclamations des intérêts qui ont dû subir un ajournement, et plus il devient difficile de ne pas leur faire leur part. Les concessions s'accroissent tous les jours, et, après les grandes extensions de réseaux auxquelles nous venons d'assister, il est permis de penser que beaucoup de temps ne se passera pas sans que l'on soit obligé de prêter l'oreille aux sollicitations qui se reproduisent. Ce qu'on a fait, on le fera encore, ne fût-ce que dans l'intérêt d'un succès pareil à celui qui a couronné les espérances données si opportunément à certaines contrées lors des dernières élections.

La constitution des compagnies entre lesquelles est partagé le territoire, paraît également une de ces questions jugées, sur lesquelles il n'y a guères à revenir. Que l'on regrette ou non les fusions successives qui, par suite de notre tendance constante à la centralisation, ont formé ce qu'on a nommé spirituellement nos grands commandements commerciaux, le fait n'en est pas moins acquis et il faut renoncer désormais à un morcellement qui n'amènerait que l'impuissance.

Certainement il est possible que, pour les ramifications extrêmes, de nouveaux procédés soient employés, que l'on arrive, par exemple, à faire construire par les départements et les communes certains chemins de fer vicinaux. Mais les projets conçus dans ce sens ne sont pas devenus plus facilement réalisables depuis le vote des dernières lois ; ceux qui tendaient à créer des compagnies de deuxième ordre, des réseaux secondaires entre les grandes artères, n'ont pas pris beaucoup plus de développement, et, en somme, nous nous trouvons toujours en présence de six grandes entreprises chargées à peu près seules de tous les transports rapides, disposant d'un capital de plusieurs milliards et dont le crédit est lié par une solidarité intime au crédit même de l'État. Cette situation entraîne pour elles, comme conséquence, une dépendance à peu près absolue à l'égard du gouvernement sous le rapport financier. C'est lui qui est juge de l'opportunité de leurs emprunts, car il ne croit pas pouvoir leur permettre de jeter tous les ans sur la place pour 5 ou 400 millions de valeurs nouvelles, sans examiner l'influence qu'un pareil fait économique doit avoir sur la fortune publique et sur ses propres ressources. C'est lui qui règle leurs budgets ; et, s'il restreint les appels de fonds dans les limites annuelles de l'épargne nationale, ce n'est pas à dire qu'en retour il assume toujours vis-à-vis des populations la responsabilité des retards que subit forcément l'exécution de certains engagements pris[1]. Heureuses, enfin, les compagnies qui n'ont pas à subir son intervention plus ou moins directe dans le choix de leur personnel à tous les degrés, depuis les plus humbles jusqu'aux plus élevés de la hiérarchie !

Mais cette solidarité pourrait du moins porter avec elle son correctif. Il en résulte que les deux intérêts, celui de l'État et celui des

---

[1] Voir la réponse de la Compagnie de la Méditerranée à la pétition du conseil général de la Loire, citée plus haut. (Septembre 1865.)

compagnies, se rapprochent et s'assimilent de plus en plus. L'esprit de la charte qui, depuis 1859, régit les chemins de fer et que les dernières conventions ont, sous ce rapport, pleinement confirmée, est de compenser le sacrifice du réseau restreint et de ses avantages, en assurant autant que possible à leurs actions, malgré le fardeau des concessions nouvelles, un revenu égal à celui qui leur était acquis avant 1857. Dans ce but, elle promet la construction de certains embranchements aux conditions de la loi de 1842, c'est-à-dire en mettant à la charge de l'État la plus grosse part dans la dépense : elle stipule pour quelques lignes des subventions en argent, pour la plupart une garantie d'intérêts à 4 fr. 65 c. pour 100 du capital évalué; enfin elle fixe ce qu'on est convenu d'appeler le déversoir, c'est-à-dire le maximum de rendement kilométrique, au dessus duquel les produits de l'ancien réseau doivent venir en déduction des charges du nouveau. Tout ce système compliqué, qui enchevêtre de mille manières l'action des deux parties en présence, fait que l'État est intéressé directement, pour l'allègement de ses budgets, à la prospérité des compagnies. Il faudrait donc que le pouvoir cessât de se considérer exclusivement, vis-à-vis d'elles, comme le représentant de l'intérêt général, ou de se croire astreint à prendre en main toutes les réclamations que peuvent élever les intérêts privés. Non-seulement il aura à rechercher tous les moyens de diminuer le prix de construction et d'augmenter les produits nets de leurs tracés, mais il devrait en venir à voir en elles des auxiliaires nécessaires et, sinon des agents, ce qui aurait son danger, du moins des associés pour le développement industriel du pays.

Le rapport de M. le Ministre des finances, à la fin de 1865, témoignait déjà de cette disposition qui s'accusera, nous voulons l'espérer, davantage, à mesure que l'avancement des travaux révélera mieux les charges de l'œuvre commencée. Après avoir indiqué les sommes approximatives qui lui paraissaient devoir être portées au budget pour faire face aux engagements pris et exigibles à partir de 1865 [1], M. Fould concluait ainsi : « Cette charge aurait été bien autrement considérable, « si l'État avait entrepris directement l'exécution des chemins de fer. « C'est par milliards qu'il aurait dû faire appel au crédit, et, entre ses « mains, les bénéfices industriels de l'exploitation auraient été grave- « ment compromis par les exigences qui se seraient manifestées pour « la réduction des tarifs. Le système adopté a un autre avantage encore;

---

[1] 15 ou 18 millions la première année, 50 ou 55 millions environ les années suivantes pour les garanties d'intérêts, 21 millions d'annuités pendant quatre-vingt-douze ans, pour les 475 millions de subventions stipulés. Dans ce chiffre ne sont pas compris 90 millions de subventions ou de travaux à exécuter par l'État au profit des lignes secondaires.

« en limitant les droits des compagnies à une jouissance temporaire
« de quatre-vingt-dix-neuf ans au lieu de leur accorder une propriété
« perpétuelle, l'État s'est ménagé pour l'avenir une ressource dont
« on peut déjà tenir compte, et qui acquiert une valeur plus impor-
« tante d'année en année. Le capital employé à la construction des
« chemins de fer s'élève aujourd'hui à 4 milliards 500 millions, dont
« le revenu est de 264 millions, somme égale aux quatre cinquièmes
« des arrérages de la dette de la France.

« Ainsi, au moment fixé par les traités avec les compagnies, l'État
« prendra possession des chemins de fer, qui représenteront alors
« une valeur bien supérieure au chiffre que je viens de citer. C'est
« là une compensation à la suppression momentanée de l'amortisse-
« ment. »

Les esprits timides peuvent trouver que des prévisions à aussi
longue échéance ne sont pas une compensation suffisante à cette sus-
pension *momentanée* de l'amortissement, qui, sauf quelques mois, a
duré sans interruption depuis le commencement du régime actuel ;
ils pourraient surtout prétendre que des emprunts de trois milliards
en douze ans, sont un accident qui n'aurait pas à se reproduire souvent pour absorber bien longtemps d'avance le bénéfice, attendu en
1957, de la reprise des chemins de fer par l'État. Le principal tort
de ce séduisant mirage est de rappeler de trop près les systèmes
financiers au moyen desquels on a proposé d'escompter, dès à présent ce bénéfice très-éventuel. Ce n'est pas le lieu d'apprécier son
importance réelle, qu'une discussion approfondie réduirait peut-être
singulièrement. Mais, dans ces considérations sur l'utilité de l'industrie privée que le gouvernement fait valoir ainsi, sauf à les oublier
à l'occasion, il faut reconnaître une part de vérité qui, sans doute, se
fera jour de plus en plus et produira enfin son effet sur l'opinion publique elle-même.

Déjà nous n'en sommes plus à ces réclamations des propriétaires
fonciers, à cette inquiétude au sujet de la prospérité prétendue excessive des grandes compagnies, qui nous ont valu en 1856 et 1857 tant
de mesures restrictives de la liberté du commerce et funestes pour
la fortune mobilière. C'est à cette pression que cédait le Corps Législatif quand il frappait les titres des compagnies d'un nouvel
impôt, en déclarant insuffisante leur part dans les charges communes, malgré les avantages considérables qu'elles procuraient dès
lors directement à l'État, soit en argent soit en services rendus. Et
quel moment choisissait-on pour cette aggravation ? Celui-là même
où elles venaient de subir des conditions telles qu'il fallut, sous peine
de les voir succomber, les en relever au bout de deux ans !

Maintenant quelques catastrophes fameuses ont calmé les consciences alarmées par le spectacle de spéculations effrénées et trop constamment heureuses. La dépression des cours est de nature à faire réfléchir ceux qui se préoccupent du crédit même de l'État. On s'aperçoit que les rigueurs, quelque honorable qu'en soit le motif, risquent de dépasser leur but; en un mot on craint d'avoir tué la poule aux œufs d'or.

En ce qui concerne plus directement les chemins de fer, la clientèle, chaque jour plus nombreuse et plus digne de ménagements que leurs titres, en se classant, rattachent à leur fortune, a vu ses intérêts sérieusement menacés, puis sauvés peut-être seulement par l'intervention obligée de l'État.

Il faut donc renoncer à dénoncer l'existence des grandes compagnies comme attentatoire aux principes des sociétés modernes. Ces arguments ne seraient plus qu'un anachronisme. Ils jureraient trop avec l'état du marché, la diffusion des titres, et la nature des capitaux qui s'y emploient. Aussi les organes officiels des compagnies ont-ils une toute autre autorité que quand ils défendaient, contre la masse du public, un droit théorique ou les intérêts d'une réunion de gros capitalistes. Leur voix est écoutée maintenant et trouve de l'écho. Des discussions récentes en sont la preuve.

Ainsi, la situation s'est modifiée, et il est permis d'espérer un changement plus complet encore. Le pays a une manière nouvelle d'envisager tous les problèmes. L'esprit public se réveille; le besoin d'action personnelle et spontanée qui pénètre dans toutes les classes, modifie les points de vue et agit sur les questions les plus diverses. Comme dans l'ordre politique, les courants d'idées qui ont poussé, depuis douze ans, vers le pouvoir, se retournent et portent à la liberté, de même, dans l'ordre économique, on commence à s'apercevoir que l'on a fait abus de la réglementation; on commence à réclamer pour tout le monde le droit de marcher sans lisières et de gérer à son gré ses propres intérêts.

Le Sénat lui-même n'applaudit-il pas ceux de ses membres qui, encore hostiles aux réformes plus radicales, demandent, pourtant, des libertés, dont le bienfait, selon eux, n'est accompagné d'aucun inconvénient, dont l'utilité se présente sans aucun mélange, les libertés civiles? Au premier rang M. Michel Chevalier plaçait la liberté du travail, la liberté pratique des professions, la faculté pour le citoyen de ne pas se heurter à chaque pas à des règlements, à des autorisations, à des homologations, à des formalités sans fin.

« Depuis la Constituante, a dit l'orateur, tous les gouvernements « qui se sont succédé en France ont multiplié les écarts et les abus du « système réglementaire. Les citoyens sont comme des momies égyp-

« tiennes, enveloppés de bandelettes et dans l'impossibilité de se
« mouvoir sans la permission de l'autorité[1] ».

Est-il permis de voir là un gage d'un avenir meilleur ? Il n'est
question, dans ces paroles, que des citoyens, et l'administration
nous a montré, par la suppression d'une fameuse société charitable,
ses dispositions au sujet des libertés collectives. Pourtant, peut-être
ces dispositions ont-elles changé, comme l'annoncent des mesures
récentes et comme l'indiquerait plus efficacement la loi qui vient
d'être votée sur les coalitions, si elle était elle-même plus sérieuse.
Dans tous les cas, il faut souhaiter qu'elles changent au sujet des
grandes associations qui exploitent nos chemins de fer. Le gouvernement y sera poussé par son intérêt bien entendu, par la nécessité de
l'achèvement et de l'exploitation du réseau : puisse-t-il y être poussé
aussi par un revirement de l'opinion mieux instruite des vrais besoins
du pays ! Puissions-nous enfin comprendre, malgré les subtilités du
nouveau droit public, que toutes les libertés sont solidaires et nous
montrer décidés à les réclamer toutes.

II

L'étude des faits peut seule probablement conduire à ce résultat,
selon nous, nécessaire. La France est aussi lasse que jamais des
phrases vagues et, après douze années, où le silence général n'a fait
qu'en réserver le monopole à une seule nuance d'orateurs, si elle se
reprend à suivre avec intérêt certaines discussions, c'est à la condition
que ces discussions s'appuient sur des arguments précis. C'est par
les chiffres qu'on peut agir sur les esprits. Si l'on veut faire sentir
la nécessité des développements qui manquent encore à notre régime constitutionnel, il ne suffit pas d'exposer les principes ; il faut
montrer la bonne gestion des deniers publics, plus efficacement as-
surée par le contrôle de tous que par l'irresponsabilité des ministres
les mieux intentionnés. Dans les questions commerciales il faut, de
même, faire voir que l'action seule du gouvernement, fût-il le plus
puissant et le plus éclairé, ne vaudra jamais, pour le développement
de la richesse générale, le jeu des forces individuelles, ou la force

---

[1] Discours au Sénat dans la discussion de l'adresse : *Moniteur* du 17 décembre
1863.

collective qui résulterait des associations de capitaux traitant librement avec les besoins qu'elles ont mission de satisfaire. C'est ce qui
nous engage à faire connaître, dans ses points principaux, l'enquête qui vient de s'achever sur les conditions d'exploitation et de
construction des chemins de fer français. Cette enquête a couronné
dignement l'administration de M. Rouher. Son successeur l'a close
par un résumé sous forme de lettre aux Compagnies, en indiquant
les conclusions que l'administration serait disposée à en tirer. Enfin
les observations qu'attendait le Ministre lui ont été soumises cet été.
Nous possédons ainsi les pièces capitales du procès qui va se juger.

Ouverte par arrêté ministériel du 5 novembre 1860, l'enquête a
duré plus de deux ans, et ses résultats ont été publiés l'année dernière en un volume de près de 400 pages. Les premières recherches avaient été motivées par un voyage de M. Rouher sur les lignes
pauvres et difficiles des chemins de fer suisses, à une époque où
l'on se préoccupait chez nous des moyens d'assurer l'établissement
du troisième réseau ; aussi eurent-elles d'abord en vue l'économie
dans la construction. Mais trois autres articles du programme, ceux-ci
provoqués sans doute par les critiques, moins justifiées que violen-
tes, qui, du sein même du Corps législatif, s'étaient élevées contre le
service des grandes compagnies, portaient l'attention sur la vitesse
à imprimer aux trains, la police des gares, l'application des articles
des cahiers des charges relatifs aux voitures de correspondances,
au camionnage, aux traités de réexpédition. Enfin la commission
dut connaître de toutes les autres questions d'exploitation que le
ministre croirait devoir lui soumettre. C'était dire qu'on examinerait
le système entier d'organisation des chemins de fer français, et on a
fait plus encore, car des commissaires, envoyés en Angleterre et en
Allemagne, ont rapporté des renseignements qui permettent d'apprécier ce système, non plus seulement en lui-même, mais dans ses rapports avec ceux des pays voisins.

Il est sorti de ce travail un ensemble de documents plein d'enseignements et d'intérêt. Ajoutons qu'il en est même déjà résulté, et
qu'il en résulte tous les jours des améliorations notables, ajournées
seulement jusqu'ici par la routine : tant sont rapides les heureux effets de la publicité !

Parmi ces documents, l'un des principaux est le questionnaire en
plus de cent articles, indiquant tous les points à éclaircir, qui fut
envoyé aux six grandes Compagnies pour qu'elles répondissent cha-
cune à son point de vue, suivant les nécessités particulières de sa situation. Mises ainsi en demeure de s'expliquer devant le gouvernement et le public, les Compagnies ne manquèrent pas cette occasion
de faire entendre à leur tour leurs plaintes, soit contre les rigueurs

administratives, soit contre les prétentions du public lui-même.
Ces réponses, imprimées à part avec le questionnaire, forment le
tableau le plus frappant de l'état des chemins de fer français.
Comme élément d'appréciation, et malgré son caractère exclusif, cette
publication, trop peu répandue, mérite d'être étudiée. On peut re-
gretter de n'en trouver dans le volume qui résume l'enquête qu'une
analyse sèche et décolorée.

Quant aux conclusions mêmes de la commission, et aux mesures
qu'elle propose pour concilier tous les intérêts en présence, nous
y constatons avec plaisir des tendances qui annoncent un progrès.
Composée de membres des trois grands corps de l'État, d'inspecteurs
généraux des ponts et chaussées et des mines, du directeur général
des postes et de deux directeurs éminents de grandes Compagnies de
chemins de fer, présidée souvent par le ministre lui-même, la commission réunissait beaucoup des éléments d'un travail utile. Elle sut
ajouter à ses lumières propres toutes celles que pouvait fournir chacun des intérêts engagés dans la question. Elle appela dans son sein
non-seulement toutes les Compagnies, mais les membres du Corps
législatif qui avaient porté leurs réclamations à la tribune, des représentants de divers centres manufacturiers et commerciaux, enfin des
ingénieurs, des promoteurs de systèmes nouveaux. Parmi toutes
ces autorités, nous devons dire que les principes de liberté comp-
taient peu d'ardents défenseurs, et, en présence des réclamations
exagérées, des récriminations, surtout des appels à l'intervention de
l'autorité dont plusieurs chefs d'industrie se faisaient les organes, il
faut féliciter les membres du tribunal de commerce de la Seine des
dispositions équitables dont ils ont fait preuve. Ils se sont affranchis
de cette partialité si souvent reprochée à leurs collègues en faveur du
commerçant qui vient plaider contre les compagnies anonymes. Combien de fois, en effet, ne voit-on pas un esprit de corps mesquin vi-
cier une juridiction fondée sur le principe du jugement par les pairs?
Dans quelle situation de flagrante inégalité se trouvent placés alors
des justiciables qui ne sont en aucune façon les pairs des notables
commerçants, ne peuvent figurer auprès d'eux ni comme électeurs
ni comme éligibles, et n'ont forcément avec eux aucun de ces rapports d'où résulte la confraternité [1].

La commission a eu plus d'une fois le mérite d'imiter ces représentants éminents du commerce parisien. Malgré quelques mots

---

[1] M. Gervais a traité cette question avec talent dans sa brochure. On a songé à
donner aux administrateurs de Sociétés anonymes le droit de concourir à l'élection
des membres des tribunaux de commerce. Mais cette mesure soulèverait elle-même
de sérieuses objections.

regrettables du rapport, les propositions par lesquelles il se termine valent mieux que le régime qui les a précédées et peut-être que celui qui doit les suivre. En manifestant vis-à-vis des compagnies, du public et de l'État, certaines aspirations libérales, dans une mesure encore bien modeste, la commission est entrée dans une bonne voie, où elle doit, ce semble, être suivie quelque jour.

Elle n'a pas besoin, du reste, de nos éloges. Elle a reçu sa récompense. *Le Journal des Débats*, s'acquittant de ce qu'il devait au nom de son vice-président, M. Michel Chevalier, a déjà loué le volume *qui se recommande par une abondance de renseignements et un caractère pratique qu'on rencontre rarement dans les pièces de ce genre.* Il a loué surtout le *libéralisme du rapport qui devrait lui valoir les honneurs de l'insertion au Moniteur.* Nous n'insisterons donc pas. Seulement nous croyons devoir emprunter à ces articles, dont l'absence de signature n'affaiblit pas l'autorité, les explications suivantes sur la manière dont les personnages, chargés de diriger l'enquête, ont entendu et rempli leur mission. « La commission se plaçant, ainsi qu'il convenait, à « ce point de vue élevé d'impartialité, ne s'est pas considérée comme « ayant le mandat d'instruire un procès contre les compagnies. Non « qu'elle se soit fait faute de relever leurs erreurs, leurs négligences « et les dommages qui s'en suivent pour l'intérêt public ; mais elle a « aussi constaté leurs efforts heureux, et de plus elle a mis en relief « les excès de la réglementation qui leur a été imposée, les restrictions « abusives auxquelles on les a soumises, et certains torts même du « public, leur clientèle. Dans ses conclusions et ses recommandations, « elle propose parallèlement deux séries de mesures : les unes desti- « nées à protéger le public contre les aberrations des Compagnies, « ou à astreindre celles-ci à des améliorations dont, mieux inspirées, « elles auraient déjà pris l'initiative, et dont elles seraient les premières « à recueillir le bienfait ; les autres, à les soustraire au despotisme « administratif, et à les investir de facilités nouvelles, c'est-à-dire « d'une plus grande liberté, tant pour la construction que pour l'ex- « ploitation. Il y en a même une troisième catégorie, qui aurait pour « effet de dégager les Compagnies d'exigences sans fondement que « leur fait subir le commerce, et qui, ainsi que c'est dans l'ordre, « retombent de tout leur poids sur celui-ci. »

On ne peut qu'applaudir à ce programme. Il reste seulement à savoir si les intentions de la commission se trouveront pleinement remplies, et si, des trois catégories de mesures qu'elle propose, celles qui ont le plus de chances d'une réalisation prochaine ne sont pas celles qui aggravent la situation des Compagnies, tandis que les autres seraient soit indéfiniment ajournées, soit écartées formellement par une fidélité malheureuse envers d'anciens errements administratifs.

Ce doute n'est pas dissipé par le document qui forme le complé-
ment de l'enquête, et un premier pas vers la mise en pratique des
modifications proposées. La lettre ministérielle du 1ᵉʳ février dernier
classe et examine une à une les conclusions du rapport [1]. Certaines
mesures, qui rentrent dans les pouvoirs de l'administration, sont
arrêtées en principe et devront recevoir leur application dans un
très-court délai. D'autres, pour lesquelles il serait nécessaire de
demander aux autorités compétentes des changements dans les cahiers
des charges, les ordonnances ou la législation, font seulement le
sujet d'observations destinées à fixer l'attention des Compagnies. Mais
ces observations ne laissent pas d'indiquer les solutions vers lesquelles penche le Ministre, et une telle préférence a trop de poids
dans la balance pour ne pas ôter à la distinction quelque chose de
son importance. Or, nous devons dire que l'on s'écarte singulièrement des dispositions manifestées à l'ouverture de l'enquête et des
espérances que les amis des réformes avaient pu concevoir. M. Béhic
se dit parfaitement convaincu que des exploitations comme celles des
grandes Compagnies n'ont qu'à gagner à se montrer larges et libérales; mais faut-il réserver pour elles seules ce principe, et un tel
conseil n'aurait-il pas plus de chances d'être écouté, si le grand service, dont les chemins de fer dépendent, commençait par se l'appliquer à lui-même?

Dans l'exposé officiel un point nous frappe tout d'abord. C'est
une lacune, et une lacune volontaire. Les questions relatives à
l'établissement des lignes nouvelles sont complétement écartées. Il
n'est fait mention que de l'exploitation du réseau déjà ouvert, nullement de ce qui paraissait, il y a quatre ans, la grande préoccupa-
tion de M. Rouher, la construction économique des lignes projetées.

Voici, en effet, le début de l'arrêté qui constituait la commission :
« Considérant qu'il serait impossible de faire droit aux demandes
« de nouveaux chemins de fer formées par un grand nombre de
« localités, si les conditions actuelles de tracé, de courbes, de rampes
« et d'exploitation n'étaient pas modifiées de manière à garder une
« juste mesure entre les dépenses de construction et d'exploitation
« des nouvelles lignes, et leur trafic probable. »

Il semblait y avoir là une promesse, promesse de modifier les rigueurs du cahier des charges, promesse surtout d'abandonner les
exigences par lesquelles l'administration venait, sans cesse, les aggraver encore. Les compagnies avaient accueilli avec satisfaction ces

---

[1] Elle pousse même le scrupule jusqu'à discuter un système de coupures dans la
tarification des colis de petite vitesse, qui n'a aucun intérêt appréciable, et repose
évidemment sur une erreur matérielle de la commission.

espérances. Bien plus, en acceptant les embranchements qui préoccupaient le Ministre, elles les ont sans doute fait entrer en ligne de compte dans leurs évaluations, évaluations dont la justesse reste pour elle d'une importance extrême : car la garantie d'intérêts à 4 fr. 65 %, donnée par l'État, laissera à la charge du revenu réservé de l'ancien réseau, d'une part toute la somme résultant de la différence qui existe entre le taux fixé et le taux réel des emprunts des compagnies [1], d'autre part tout le capital qui représentera l'excédant des dépenses effectives sur les évaluations.

La commission avait fidèlement suivi le programme proposé, quoiqu'elle se fût trouvée conduite à rejeter à la fin du rapport les questions de construction qui devaient en former la première partie. Du moins leur avait-elle accordé une large place dans l'enquête, et avait-elle proposé, dans ses conclusions, de réelles concessions au besoin de l'économie. En effet, serait-il raisonnable d'exiger l'acquisition des terrains et la construction des ouvrages d'art à deux voies pour des lignes autorisées à une seule voie, et où il est certain que l'on n'aura jamais à poser la seconde? La hauteur des souterrains, les courbes à larges rayons, les pentes insensibles exigeraient des dépenses hors de toute proportion avec la situation financière actuelle des Compagnies, le loyer plus élevé de l'argent, les difficultés de terrain plus grandes, la richesse moindre des pays traversés et, par conséquent, la circulation probable. Conserver comme règle pour les courbes un rayon presque double de celui qui est usité dans toute l'Europe, pour les rampes une inclinaison de 5 millimètres par mètre quand le chemin de fer de Trieste à Venise en a de 25, celui de Gênes à Alexandrie, celui de Saint-Germain lui-même de 35, où la sécurité n'est nullement compromise, à la seule condition d'une diminution dans la vitesse, ce serait méconnaître les progrès de la science et faire la part trop belle à l'amour de l'art qui anime les ingénieurs.

Sans doute, pour plusieurs lignes, des modifications avaient été obtenues, mais toujours à titre d'exception, et après quelles lenteurs, quels efforts, quels combats! La commission, au contraire, voulait supprimer absolument beaucoup de restrictions, de prétendues précautions qui ne sont que des entraves. Elle voulait, mettant de côté une suspicion qui serait offensante pour les compagnies, si leur intérêt évident ne la rendait pas puérile, poser en principe qu'une très-grande latitude leur serait laissée sur les points que nous venons d'indiquer. De même il fallait, pensait-elle, réduire à leur plus simple expression les conditions d'architecture pour les gares de village, et de clôture pour les lignes tracées à travers des landes ou des mon-

---

[1] Soit environ 1 fr. 10 c. pour 100.

tagnes. Ses avis devaient faire une révolution dans le cahier des charges, au chapitre de la construction, s'ils étaient adoptés par l'administration.

Malheureusement, là est toujours la question : M. le Ministre des travaux publics ne nous apprend rien sur les dispositions de son département à cet égard. Il constate bien « le parfait accord « où il se trouve avec la commission et le sentiment public sur la « convenance et l'utilité de chercher la solution du problème des « chemins de fer à bon marché, dans la mesure où elle peut se « concilier avec l'économie et la sécurité de l'exploitation. » Mais il ajoute que cette question trouvera naturellement sa place dans des cas spéciaux, alors que seront discutées les modifications que peuvent comporter les cahiers des charges actuels. Ces termes sont un ajournement à une époque indéterminée, et ne laissent pas deviner si l'administration entend ou non se départir, en principe et d'une manière absolue, de ses rigueurs. Nous savons qu'elle se montre maintenant beaucoup moins exigeante ; que des autorisations récemment données promettent des économies presque inespérées. Tout en s'en réjouissant, il doit être permis de se demander s'il ne s'agit là que de dérogations tout à fait spéciales qui laissent subsister la règle. Nous sommes de ceux qui préfèrent une loi précise à l'arbitraire, même bienveillant.

En outre, la commission avait proposé des modifications à certaines dispositions législatives qui se trouvent passées sous silence et, par conséquent, sans doute, écartées aussi pour le moment.

Les compagnies sont unanimes pour se plaindre de la façon dont s'applique la loi du 3 mai 1841, relative aux expropriations [1], et il est en effet universellement reconnu qu'il y a excès dans les largesses toujours croissantes des jurys, qui font payer les terrains ordinairement le triple de leur valeur, souvent cinq et six fois le prix courant. Les lignes réclamées avec le plus d'ardeur par les populations deviennent, pour les propriétés même auxquelles elles apportent une plus-value certaine, la source d'indemnités exorbitantes, qui, en augmentant la charge répartie sur les compagnies et sur l'État, ont le double effet d'aggraver leur situation respective et d'arrêter l'extension du réseau. Le mal vient de l'impulsion trop rapide donnée à tous les travaux ; l'équilibre est rompu, et l'intérêt le plus étroite-

---

[1] Voir encore le rapport de la Compagnie de l'Ouest à l'assemblée des actionnaires du 29 mars dernier. Dans cette assemblée, le directeur de la Compagnie n'a pas dissimulé que les évaluations des ingénieurs de l'État pourraient bien se trouver dépassées, si les jurys d'expropriation continuaient, comme pour la ligne de Trouville, à allouer jusqu'à 90,000 fr. par kilomètre d'indemnité là où l'on n'avait prévu que 25 ou 30,000 fr.

ment local, celui des propriétaires, use, pour se défendre, de toutes
les garanties qu'on lui a justement réservées, tandis que l'intérêt général a pour seul représentant le magistrat directeur du jury, qui ne
dirige rien, et ne peut même pas prendre part à la fixation des indemnités.

On a proposé comme remède de donner à ce magistrat des attributions en rapport avec son titre et une influence réelle sur les ap-
préciations, avec voix délibérative pour la décision. Peut-être serait-il
possible de reprendre une ancienne idée restée sans application,
celle d'une participation à la dépense ou d'une garantie d'évaluation
par les départements et les communes, de manière à rappeler les
jurys à l'équité en les mettant en présence de deux intérêts contra-
dictoires, pour eux également appréciables. Quoi qu'il en soit de ces
propositions, toutes deux discutables, plus la question est délicate,
plus il importerait qu'elle fût étudiée. Tiendra t-on compte des in-
dications du rapport? Sera-ce une des parties de cette législation
spéciale annoncée dans le discours de Marseille? Mais les termes de
ce discours n'ont-ils pas semblé exclure les 20,000 kilomètres qui
forment le réseau accepté par les grandes Compagnies?

Enfin, le travail de la commission distingue nettement, dans les
lignes qui restent à construire, celles qui se rattachent comme embranchements aux lignes existantes et doivent, pour l'unité de service, entrer dans les réseaux des compagnies actuelles, de celles qui,
ne présentant qu'un intérêt purement local, peuvent être remises,
avec des procédés de construction et d'exploitation beaucoup plus
modestes, aux efforts et aux ressources des pays intéressés.

En demandant pour les premières des simplifications économiques, le rapport va beaucoup plus loin pour les secondes. Il pose en
principe une latitude absolue laissée au sujet de ces chemins de fer,
chemins à transbordement esentiellement différents de ceux qui se
relient aux grandes artères. Ainsi, variations facultatives dans la
largeur de la voie, sauf entre lignes du même groupe, dans le poids
des rails, le système du matériel roulant, les rampes et les courbes ;
réduction au strict nécessaire des clôtures et des bâtiments de stations; réglementation administrative limitée aux mesures de police
indispensables à la sécurité ; enfin extension à ces petites entreprises du bénéfice de la loi de 1836 sur les chemins vicinaux, notamment en ce qui concerne les enquêtes et l'acquisition des terrains :
c'est le principe de l'appel à l'industrie locale, seule propre à traiter
avec les intérêts locaux, et à trouver un bénéfice là où des sociétés
importantes ne feraient qu'une tentative ruineuse.

La commission a été persuadée par les curieux documents que
M. M. Lan et Bergeron lui ont rapportés sur les chemins de cette

espèce qui existent en Écosse et en Irlande. On y voit ce que peut cette action de l'initiative individuelle pour créer des lignes coûtant 100,000 francs par kilomètre, rapportant 10,000 fr. bruts, 5,000 ou 6,000 fr. nets, et donnant aux capitaux engagés un intérêt suffisant, sans compter leur objet principal, l'accroissement de la valeur des terres dans les contrées qu'elles traversent. Ce système vient d'être inauguré sur une première section dans le Bas-Rhin ; deux cents kilomètres de chemins de fer vicinaux s'y construisent peu à peu. Si chaque département en faisait autant, l'ensemble des concessions serait presque doublé. Déjà certaines contrées avaient paru disposées à suivre cet exemple [1], et la dernière session des conseils généraux a été signalée par le nombre des projets qui se sont produits. Pour plusieurs des fonds ont été votés. En même temps, des sociétés récemment autorisées avec un faible capital annoncent des prix de revient kilométriques tellement réduits, qu'elles doivent nécessairement compter sur des conditions toutes spéciales.

Toutes les fois que ce ne sera pas entretenir de pures illusions, l'administration fera sagement d'encourager ces tentatives, en cherchant à réveiller aux extrémités l'esprit d'entreprise trop longtemps retenu au centre. Seulement deux écueils sont à craindre : l'un facile à franchir, l'autre qui pourrait faire tout échouer. Le premier, c'est la résistance de certaines grandes Compagnies qui font la faute de ne pas se montrer favorables à ces entreprises ; le second serait l'abandon de la condition du transbordement, qui justifierait cette résistance et dénaturerait l'œuvre en la ramenant aux conditions déjà connues d'établissement et d'exploitation. A ce sujet, la lettre du ministre nous semble inquiétante, quand elle parle de l'unité si désirable à maintenir dans le service des différents réseaux de l'Empire. La réduction dans le poids des rails et du matériel est un des principaux éléments de l'épargne à réaliser. Pour y renoncer, il faudrait être assuré d'une mine inépuisable de capitaux, et, quand on aurait ces capitaux, serait-il sage de refuser une économie qui détournerait une partie des ressources vers des emplois plus avantageux au développement de la fortune publique ?

Ces questions, qui prennent chaque jour un plus grand intérêt d'actualité, mériteraient de n'être pas traitées d'une manière inci dente [2]. A l'exemple de M. le ministre des travaux publics, bornonsnous, pour le moment, à examiner les deux premières sections du

[1] Le département de l'Eure, notamment, avait voté 500,000 fr. pour le chemin de Gisors à Pont-de-l'Arche.

[2] Elles ont un premier avantage, c'est de rendre un peu de vie à la presse départementale. Ainsi un journal de Caen, *l'Ordre et la Liberté*, a publié là-dessus, dans le courant de novembre, une série d'articles remarquables.

rapport de la commission, qui s'appliquent aux lignes déjà ouvertes et qui se divisent en service des voyageurs et service des marchandises.

III

Parmi les problèmes que soulève le service des voyageurs, la sécurité ne pouvait manquer de tenir la première place dans l'enquête comme dans les préoccupations publiques. Ces préoccupations se sont fait jour à plusieurs reprises dans les discussions du Corps législatif, et, selon la nature des événements qui avaient frappé le plus récemment les imaginations, on a signalé avec plus ou moins de vivacité les deux sortes de dangers qui peuvent se présenter, danger général d'accidents, et danger particulier pour le voyageur isolé que l'attaque d'un malfaiteur ou la maladie peut surprendre en pleine marche sans aucun moyen de secours. Des discours analogues ont encore été prononcés à deux reprises différentes dans la dernière session. Accueillis avec la même faveur par une grande partie de l'assemblée, ils ont obtenu des commissaires du gouvernement les mêmes réponses. C'est maintenant une habitude prise que cet échange périodique de récriminations sans résultat possible et de banales justifications.

Fidèle au principe que le chemin de fer le plus mal administré est toujours celui qu'on fréquente davantage, un honorable député du Nord a particulièrement insisté sur les événements dont la ligne qui le dessert a été l'année dernière le théâtre. De la Compagnie, il en a fait remonter la responsabilité à la presse et au gouvernement lui-même qu'il a taxé de négligence et presque de partialité. La presse, quoique plusieurs de ses représentants fassent partie du Corps législatif, n'a trouvé la réponse que le lendemain; mais cette réponse est péremptoire. Tant qu'on la tiendra sous le régime arbitraire auquel elle est soumise, on n'aura pas le droit de lui reprocher un silence qui lui est commandé par le soin même de sa conservation. Ceux qui trouvent bon qu'elle soit bâillonnée doivent tolérer du moins qu'elle se taise, et lui épargner des soupçons gratuitement injurieux. Des imputations semblables ont été déjà dirigées contre elle du haut de la tribune du Sénat à propos d'un éclatant scandale financier. Que prouvent-elles? sinon que sa situation constitue un péril pour les grands intérêts publics. Nous le savions bien, puisse-t-on seulement ne pas attendre qu'il soit trop tard pour le comprendre !

Quant au gouvernement, est-ce bien de négligence qu'on peut l'accuser ? Par quel miracle aurait-il encouru dans cette seule matière un reproche si contraire à ses habitudes ? N'est-il pas disposé plutôt à l'abus de l'intervention administrative, du règlement, du contrôle ? Tout ce qui peut se prévoir est prévu ; tout ce qui peut s'ordonner, pour le moins, est ordonné. Quels sont les systèmes nouveaux qui ne soient pas essayés, les perfectionnements qui ne soient pas recommandés, les lacunes qui ne soient pas signalées, les accidents qui n'amènent pas des enquêtes, des instructions, des circulaires ministérielles destinées à rappeler ou à compléter les règlements ?

Les derniers documents indiquent encore plusieurs mesures qui vont devenir obligatoires. Ils recommandent notamment pour les bifurcations le système de signaux du Nord, qui, pourtant, n'a pas empêché les derniers événements.

On dira que le règlement peut être parfait, mais qu'il faut en assurer l'exécution. C'est l'office des agents du contrôle. Par eux l'État est là à toute heure, au sein même de tous les services, prêt à tout voir, à empêcher toute infraction, à imposer toute mesure utile. Dans ses agents supérieurs, on reproche au contrôle une communauté d'origine et une sorte de confraternité d'armes avec les chefs de service des chemins de fer. Mais ne voit-on pas que c'est le seul moyen d'empêcher les conflits que feraient naître à toute heure des attributions aussi intimement confondues, le seul moyen d'assurer l'entente nécessaire ? Aux degrés inférieurs de la hiérarchie, on dit que le contrôle est inerte. C'est plutôt le contraire qui est vrai. Il existe trop, car il est souvent vétilleux, tracassier, prompt à signaler des fautes légères, à intervenir pour faire sentir son autorité et se donner de l'importance. Il existe trop, surtout, parce qu'il coûte fort cher ; mais il coûte aux compagnies qui en supportent presque seules les frais, non pas à l'État, qui n'a guère que la peine de faire les nominations en récompensant ainsi d'anciens serviteurs. En somme, tel que le contrôle est constitué, s'il n'avait pas le bon esprit de s'abstenir souvent, il arrêterait tout ; il en a le pouvoir : ou bien il réduirait les compagnies à un rôle passif, et, déplaçant la responsabilité, il la ferait porter tout entière sur l'administration. Dès lors nous aurions le système de l'exploitation par l'État. Est-ce là que l'on veut en venir ? Nous ne souhaitons pas à ceux qui se plaignent des chemins de fer actuels d'expérimenter un tel régime. Ils verraient bientôt que, ce qu'il fallait accuser, ce n'était pas le système, mais seulement les imperfections inséparables de tout ce qui est humain. Ils verraient que la garantie la plus efficace, c'est encore la vigilance de tous les instants qu'impose aux compagnies leur intérêt ; c'est la lourde responsabilité qui résulte pour elles de sinistres qu'elles n'ont été à même le plus souvent ni d'éviter ni de prévenir [1].

En définitive, d'où vient cette émotion si vive ? En 1863, les chemins de fer ont causé la mort de huit voyageurs sur 69,000,000.

C'est trop encore, et l'on doit travailler par tous les moyens, même sans espoir d'un succès complet, à empêcher que de pareils malheurs se renouvellent. Cependant les statistiques prouvent que la proportion a toujours été en diminuant, malgré un énorme accroissement dans la circulation. Elles prouvent que cette proportion est encore bien plus forte chez nos voisins, en Angleterre et en Belgique (nous ne parlerons pas de l'Amérique). Elles prouvent enfin qu'elle était quatorze fois plus élevée avant l'établissement des chemins de fer, malgré la lenteur relative des anciens modes de transport. Tout cela montre qu'il n'y a pas lieu de se décourager et que, si le but n'est pas atteint, le progrès est rapide.

Restent les périls spéciaux et personnels que peuvent courir les voyageurs isolés en chemin de fer. Des crimes récents, quelques-uns allégués sans preuves ou même démentis par l'instruction judiciaire, d'autres malheureusement trop vérifiés, sont venus jeter le trouble, à ce sujet, dans les esprits. Par quel moyen permettre aux voyageurs de se faire entendre et d'appeler du secours ? On a bien ordonné la mise en communication constante des agents du train avec le mécanicien, mesure qui va peut-être devenir plus sûrement réalisable, grâce aux progrès de la télégraphie électrique. Mais, quant à mettre les voyageurs en relations avec les agents du train, tous les procédés proposés jusqu'ici offrent des dangers, soit pour le train lui-même exposé à des collisions par des arrêts en pleine voie, soit pour la vie des agents obligés de circuler extérieurement le long des portières, sur des voies d'une largeur variable. L'emploi du matériel américain n'est pas compatible avec les conditions de vitesse et de prix que nous exigeons. Condamné par l'avis unanime des hommes compétents, ce système a contre lui l'expérience de l'Angleterre, qui l'a constamment repoussé, et celle des pays mêmes qui l'ont adopté, comme la Suisse ou l'Allemagne, et qui maintenant y

---

[1] Cette responsabilité est entendue chez nous bien plus sévèrement qu'en Angleterre. Dans ce pays elle est souvent déterminée d'avance de gré à gré, au moyen d'un billet d'assurance que le voyageur prend au départ et qui, moyennant une légère prime, donne droit à des indemnités plus ou moins élevées, selon la gravité de l'accident, réglées par un tarif affiché dans la gare.

renoncent [1]. D'ailleurs la facilité de communication offerte indistinctement à tous ne ferait peut-être qu'augmenter les inconvénients
qu'il s'agit de prévenir. Il faut donc attendre une solution que hâteront autant que possible les efforts du gouvernement et des compagnies. Pour le moment, il faut se contenter du palliatif qui consiste
à réserver dans tous les trains des compartiments particuliers aux
dames voyageant seules, mesure dont le bénéfice va s'étendre aux
trois classes de voyageurs.

Cette distinction des classes et la différence corrélative dans le
prix des places doit être mise absolument de côté sitôt que la sécurité est en jeu ; mais elle reprend sa valeur pour ce qui concerne
seulement le bien-être des voyageurs. Ainsi le chauffage de tous les
wagons indistinctement serait désirable ; mais les inventions nouvelles qui consistent à emprunter la vapeur ou la chaleur de la locomotive entraînent une grande déperdition de force ; quant au système actuel, celui des chaufferettes, son emploi serait hors de prix
et causerait d'ailleurs des retards qui auraient les plus sérieux inconvénients pour la marche des convois [2].

On réclame aussi pour les places de troisièmes des rideaux, ou du
moins des persiennes, qui paraissent mieux appropriées aux habitudes peu soigneuses de cette catégorie de public ; surtout on insiste
pour une disposition plus commode des banquettes. Il n'est personne
qui puisse contester ces innovations en elles-mêmes. Seulement à
quoi bon supposer un calcul des Compagnies pour exercer une sorte
de contrainte au profit des places les plus chères ?

Le rapport de la commission et le *Journal des Débats* s'écrient, de
concert : le calcul est commercialement absurde, car, en rendant les
voyages désagréables, on empêche le public de les multiplier : aucune

---

[1] Il en est ainsi de tous les systèmes fondés sur le même principe, comme celui
de M. Leprovost qui a fait cette année l'objet d'une discussion au Sénat. (Voir le
Moniteur du 2 avril.) Si l'on veut comparer les discussions de nos assemblées à
celle à laquelle l'assassinat de M. Briggs a donné lieu à la chambre des communes,
on verra combien les principes du gouvernement anglais sont plus libéraux et plus
conformes aux nécessités de l'industrie.

[2] La Compagnie de la Méditerranée dépensait par an, en 1861, pour chauffer ses
voitures de 1ʳᵉ classe seulement, 73,500 fr. environ. En outre, la dépense de premier établissement, pour acquisition des chaufferettes, lui revenait à près de
128,000 fr. On vient d'inventer, sous le nom de thermo-générateur, un nouvel
appareil qui produit la chaleur au moyen du frottement causé par le mouvement des
roues. Il a l'avantage de ne rien emprunter à la machine, et de laisser les wagons
indépendants les uns des autres. Seulement il augmente le tirage et, par conséquent,
le poids à remorquer. Cette augmentation équivaudrait, d'après les calculs, au poids
d'un voyageur de plus par wagon. Il reste à savoir si ce procédé n'a pas d'autres
inconvénients encore plus sérieux.

industrie ne peut faire de profits qu'en s'adressant aux masses ; les chemins de fer sont dans le même cas, et leur manière d'agir ne tend qu'à les priver de bénéfices certains, en leur faisant des ennemis. Cet éloquent plaidoyer ne nous paraît pas venir ici à sa place. La question est plus simple. Elle consiste seulement à déterminer ce que les Compagnies peuvent faire sans être entraînées à trop de dépenses, sans que leur matériel soit exposé à des dégâts trop onéreux ; ce que le public peut exiger sans qu'elles soient en droit de lui demander un prix plus élevé. Dans ces limites, on fera bien de pousser aux améliorations ; mais ces améliorations ne sont pas assez difficiles à obtenir pour justifier ce qui ressemblerait à un appel aux passions populaires. Que l'on aille voir en Angleterre les trains parlementaires, ceux qui sont spécialement réservés aux classes inférieures. Que l'on se rappelle ce qu'étaient chez nous il y a vingt ans les troisièmes, simples chariots sans bancs d'abord, longtemps sans toiture et enfin munis simplement d'un toit avec des rideaux de cuir. Certes l'humanité a ses droits, mais personne en France, et moins que personne la grande industrie, ne peut être accusé d'y manquer.

Il y a ainsi bien des perfectionnements dont le seul inconvénient consiste dans l'accroissement de charges qu'ils entraîneraient. Telle est l'augmentation de la vitesse soit pour les personnes aisées voyageant dans les trains express, soit pour la clientèle moins restreinte des trains qui desservent un plus grand nombre de stations.

Et d'abord conviendrait-il d'augmenter le nombre des express? Le principe fort sagement posé par les commissaires était celui-ci : sauf des exceptions motivées par des nécessités politiques de premier ordre, sauf, par exemple, sur des lignes aboutissant à un grand arsenal comme Brest, pour qu'un express soit établi il faut s'assurer qu'il sera rémunérateur. Cependant le ministre semble en demander au moins un par jour dans chaque sens, dans toutes les directions importantes. Une telle mesure, prise sans discernement, pourrait nuire beaucoup aux vrais intérêts du public, sur les lignes qui ne constituent pas de grandes voies de transit et s'alimentent principalement au moyen des communications locales.

Mais c'est surtout la vitesse de marche des express qui a fait l'objet de nombreuses réclamations, soit à la tribune du Corps législatif, soit dans la presse. Des chiffres ont été cités qui ont frappé les esprits, et il s'est produit un mouvement qui rendait peut-être certaines concessions indispensables. Cependant faut-il croire à un besoin réel capable de payer les frais qu'il exigera?

On a beaucoup dit qu'en Angleterre les trains express et ceux de la malle atteignaient 60, 65 et même 70 kilomètres de vitesse effective à l'heure, tandis que, chez nous, sauf deux exceptions [1], le maximum moyen était à peine de 50. On ne s'est pas demandé si le prix de transport était le même, et on aurait trouvé chez nos voisins une moyenne d'un tiers plus élevée que la nôtre. On aurait vu de plus que le nombre des voyageurs de premières, qui ne forme en France que le 11e de la circulation totale, est en Angleterre du 8e [2], preuve évidente que la classe riche, celle qui a besoin d'une grande rapidité, y est plus nombreuse et plus mobile. Enfin, la situation des Compagnies françaises vis-à-vis des services administratifs et notamment du service des postes, constitue pour elles, par rapport aux Compagnies anglaises, une infériorité très-onéreuse. La poste anglaise traite avec les chemins de fer comme un particulier, est obligée de s'accommoder de leurs ordres de marche, d'expédier les dépêches comme de simples colis, en les faisant suivre seulement par un agent, à moins qu'elle ne préfère avoir à ses frais des trains spéciaux, d'où les voyageurs sont exclus au besoin. Nos Compagnies, outre bien d'autres servitudes [3], sont tenues de faire gratuitement le service de la poste, de régler sur ses convenances les heures et la vitesse de certains trains, les arrêts et leur durée, de conserver souvent, pour elle seule, des trains de nuit qui d'ailleurs sont superflus, de remorquer enfin ces bureaux ambulants, d'un poids énorme, au moyen desquels elle supplée à ce qui lui manque d'espace dans l'hôtel de l'administration centrale.

Il est vrai que le directeur général des postes a fait espérer de grandes concessions. Réduction des bureaux ambulants, comme nombre et comme poids; suppression de plusieurs temps d'arrêt rendus inutiles par la découverte d'un procédé satisfaisant pour échanger les dépêches avec les trains en marche, telles étaient les promesses faites et les conditions préalables posées, dans l'avis même de la commission, à l'accroissement de vitesse qu'elle réclamait. Les mesures annoncées sont restées à l'état de projets ou, tout au plus, d'expériences, et pourtant la lettre du ministre en imposait la contre-partie dès l'organisation du premier service d'été; le minimum fixé par elle (55 à 60 kilomètres de marche effective à l'heure) devait être atteint toutes les fois que le profil du chemin de fer ne présenterait pas des rampes ou des courbes de nature à

---

[1] Sur la ligne de Paris à Calais la vitesse atteint 57 kilomètres, et 53 kilomètres sur celle de Paris à Marseille.

[2] Celui des deux premières classes réunies est de 42 pour 100 au lieu de 25.

[3] Celle, par exemple, de fournir des bureaux au personnel d'une foule d'administrations, octrois, télégraphes, etc. La Compagnie de la Méditerranée a reçu de l'État, pour le service des postes, 119,200 fr., alors que la Compagnie du London and North-Western touchait pour un parcours égal 3,153,000 fr.

exiger un ralentissement. Il faut bien se rendre compte qu'un tel progrès est au prix d'une augmentation considérable tout à la fois dans les chances d'accidents et dans les frais de traction ou de matériel. Pour gagner 10 kilomètres à l'heure, nous pouvons voir ce chapitre de dépenses s'élever de 50 à 40 pour 100. Quelle compensation auront les Compagnies pour un tel sacrifice? En face de leurs objections unanimes, n'eût-il pas été sage de s'en rapporter à leur propre intérêt, et de ne pas les obliger à devancer le moment où le développement des affaires et la richesse plus grande du pays assureront aux trains rapides un produit suffisant?

Les demandes d'accélération ne sont pas moins vives en faveur des voyageurs des 2es et 5es classes qui sont exclus des express. Ici encore se présentent ces hautes considérations si dangereuses à introduire dans les discussions d'affaires. Les idées modernes d'égalité répugnent, assure-t-on, à ce que le trajet de Paris à Bordeaux prenne aux uns plus de 19 heures et aux autres seulement 11 heures et demie, ou à ce que certains voyageurs mettent 28 heures et demie pour aller de Paris à Marseille, quand d'autres franchissent la même distance en 16 heures un quart. Ceux qu'une plus forte dépense arrête, sont ainsi privés d'une partie des avantages des chemins de fer. Il faut donc, après de telles prémisses, la conclusion est modeste! il faut porter la vitesse des trains omnibus de 50 ou 52 kilomètres à l'heure à 40. Ne serait-il pas plus juste de dire qu'il faut bien se garder d'accélérer la marche des express? car, après qu'on l'aura portée de 50 kilomètres à 60, si celle des trains omnibus s'élève en même temps de 50 à 40, la proportion, en faveur des classes pauvres, ne sera pas améliorée. Mais voici une autre raison, invoquée par l'administration.

On a beaucoup demandé l'admission des voitures de toutes classes dans les express, mesure inconciliable, dans l'état actuel des choses, avec l'accroissement de vitesse de ces trains, et il est dans l'intérêt des Compagnies de donner une rapidité plus grande aux trains communs à tous les voyageurs, pour éviter de voir renaître cette question. A dire vrai, l'espérance qui fait le fond de cette argumentation nous paraît chimérique. Si le public, qui payait plus cher il n'y a pas vingt ans pour aller à Bordeaux en 5 jours et à Marseille en 4 ou 5, se plaint que le voyage lui prenne maintenant 19 heures dans une direction, et 29 dans l'autre, parce qu'il n'en prend à certaines personnes que 11 ou que 16, il ne se plaindra pas moins lorsqu'on lui aura fait gagner encore deux heures et que les voyageurs de première classe les auront gagnées aussi. Dès à présent, ce n'est pas sur de telles comparaisons qu'on s'appuie pour demander l'admission des voitures de toutes classes dans les express ; c'est sur les progrès de

la science et la construction de nouvelles et plus puissantes machines,
qui permettront de multiplier les voitures sans ralentissement :
voilà l'argument sérieux qui prendra chaque jour plus de vérité, mais
qui sera vrai seulement avec ce correctif qu'on accroîtra du même
coup, sinon dans la même proportion, les dépenses [1].

Les éléments de décision dans une question pareille devraient se
puiser dans la statistique, qui constate, par des chiffres certains,
mieux que des réclamations plus ou moins acerbes, les services
à rendre. On cite les différences de durée qui se produisent sur de
longs trajets. Les chemins de fer répondent par le relevé des parcours
moyens pour les trois classes, desquels il résulte que les voyageurs
de la troisième, en général, vont à de moins grandes distances que
ceux de la seconde, et ces derniers que ceux de la première. Cela
se conçoit : il n'y a que les plaisirs ou les grandes affaires qui entraînent au loin. Les petites affaires se concentrent dans un rayon
peu étendu. Il résulte de là que les voyageurs des deux dernières
classes ont moins d'intérêt à parvenir vite à l'extrémité de la ligne
qu'à pouvoir s'arrêter, selon leurs convenances, aux stations intermédiaires. Ce sont ces convenances auxquelles répondent les trains
omnibus actuels.

Si, maintenant, on veut développer une idée déjà appliquée sur
quelques lignes [2], et, sous le nom de convois directs, établir un service moyen plus lent que les express, plus rapide que les trains omnibus, l'innovation sera bonne toutes les fois qu'un tel service trouvera une clientèle qui couvre ses frais, avec la condition inévitable de
sacrifier un assez grand nombre de temps d'arrêts. Mais est-on décidé
à ne pas écouter les réclamations des populations, quand elles verront
que l'on prive du bénéfice de l'accroissement de vitesse, bien des stations auxquelles elles attachent de l'importance, malgré la faiblesse
de leurs produits réels? La Compagnie de l'Est a cité 16 de ses gares
qui, toutes ensemble, ne lui ont donné que 25 voyageurs en 1860,
et 30 en 1861. Quelle garantie les Compagnies ont-elles que le
nombre de ces coûteuses inutilités cessera du moins de s'accroître,
et que le gouvernement ne se laissera plus forcer la main, comme il
le fait tous les jours, pour en imposer de nouvelles? C'est pourtant

---

[1] En Angleterre on préfère multiplier les trains. Sur le continent c'est en général
à l'accroissement de puissance des machines que l'on demande la solution du problème, et ce système paraît offrir moins de dangers.

[2] Sur sept Compagnies interrogées, trois seulement avaient des trains directs
marchant à raison de 45 kil. environ; une quatrième, celle d'Orléans, n'en avait que
pendant l'été. Maintenant ce système s'est développé, et les Compagnies, par diverses
combinaisons, ont donné de plus grandes facilités aux voyageurs des 2e et 3e classes,
allant à grande distance. On va à Marseille en 24 heures.

un point capital pour la dépense comme pour la vitesse, et les trains
anglais eux-mêmes, quand ils doivent s'arrêter, comme les nôtres,
tous les 8 ou 9 kilomètres, n'ont plus qu'une marche peu supérieure
à notre moyenne.

Quant à gagner du temps sur les arrêts, c'est un espoir qu'il n'est
guère permis d'entretenir. Les arrêts sont calculés rigoureusement
et demandent presque toujours plus de latitude qu'il ne leur en est
attribué. On regagne la différence sur la durée du parcours. Plus
les trains seront nombreux, plus il faudra que les ordres de marche
permettent, à moins de cause majeure, d'arriver ponctuellement à
toutes les aiguilles. Cette question se lie à celle de l'amélioration proposée pour les bifurcations. Le ministre désire que les voyageurs n'at-
tendent pas plus de 10 à 15 minutes le départ du train de l'embranchement. C'est en effet un résultat que tout le monde doit s'efforcer
d'obtenir. Mais il faut tenir compte de l'importance relative des diverses lignes à desservir et du nombre de celles qui s'y rattachent en
sous-ordre. Les lignes peu fréquentées doivent obéir, dans une certaine mesure, aux convenances de celles qui ont une circulation considérable, car on ne peut exiger que les trains soient multipliés indéfiniment, au risque de rester vides. D'ailleurs, plus on diminue la
marge accordée, plus on augmente les chances de retards qui, d'un
embranchement, s'il n'a qu'une seule voie, se répercutent sur l'autre,
et de celui-ci sur la ligne principale. On augmente ainsi les dangers
d'irrégularités dans le service ou même de collisions. Il y a là une
question d'appréciation délicate qu'il faut abandonner à l'Administration et aux Compagnies, sans vouloir la résoudre par une formule
générale.

Au fond, ce qui importe aux classes laborieuses, c'est surtout le bon
marché. A ce point de vue, un des progrès les plus utiles qui aient été
proposés est celui qui consisterait à admettre les voyageurs dans les
trains de marchandises. Déjà, les Compagnies qui traversent des pays
pauvres, surtout celles d'Orléans et de l'Est, ont des trains mixtes,
comprenant les deux catégories de véhicules. Par là, elles facilitent,
sans augmenter leurs frais, les relations des banlieues avec les villes
qu'elles avoisinent. On a demandé avec raison que ce système fût
favorisé et appliqué d'une manière plus large, spécialement dans l'intérêt de la dernière classe de public.

Il paraît prouvé qu'il y a une différence de 30 pour 100 par kilomètre dans le nombre des voyageurs de troisième classe transportés
en Angleterre et en France : cela indiquerait que les populations agri-
coles et ouvrières qui entourent les centres ne sont pas suffisamment
desservies. C'est le cas d'essayer de leur donner des facilités nouvelles, mais en laissant aux transporteurs toute latitude comme régu-

larité et comme célérité de marche. Il faut éviter tout ce qui pourrait les rendre hostiles à cette expérience. L'intérêt public y gagnera.

I V

Si nous passons du service des voyageurs à celui des marchandises, c'est encore la question de la vitesse que nous trouvons en première ligne. Le principe que le temps est de l'argent semble se faire accepter de plus en plus. Seulement, on n'en conclut pas qu'il faille payer l'économie de temps par des augmentations de prix. Au contraire, les chemins de fer doivent maintenir les réductions de tarifs déjà concédées ; ils doivent aller, dans ce sens, jusqu'à la dernière limite du possible, et en même temps, ils se voient constamment proposer pour modèle la rapidité du service anglais qui s'exécute à des prix infiniment plus élevés. La comparaison en a été faite à tous les points de vue, pendant l'enquête ou depuis, et tous les calculs ont confirmé cette vérité. Ainsi, l'extrême brièveté des délais de livraison répond à une différence dans les frais de gare et de camionnage telle qu'on paye à Londres 15 fr. 50, ce qui coûte en France 6 fr. 50. — Pour les marchandises en petite vitesse, le tarif moyen, qui est chez nous de 7 à 9 centimes, tout au plus, s'élève en Angleterre à 12 et même 16 centimes par kilomètre ; il monte plus haut encore pour les faibles poids et les petits parcours. Les transports à grande vitesse que nous taxons à 26, 28, au plus 40 centimes, d'après les tarifs anglais les plus modérés ne payent pas moins de 80 centimes à 1 fr. 60 jusqu'à la distance de 80 kilomètres. En définitive, il n'est plus permis de vanter la supériorité des chemins de fer anglais sous le rapport du bon marché et c'est même un argument auquel on paraît avoir complétement renoncé [1]. Seulement, ceux qui récriminent contre nos Compagnies, ne seraient pas fâchés de laisser dans l'ombre ce côté de la question, si important pour toute entreprise commerciale. C'est ce qui nous a engagés à le mettre tout d'abord en évidence, pour n'être pas obligés d'y revenir à chaque instant.

Cela dit, examinons les deux sortes de transports de marchandises.

[1] Il se retrouve pourtant encore, avec bien d'autres erreurs, dans la pétition du Conseil général de la Loire citée plus haut.

Et d'abord, au sujet de la grande vitesse, il ne paraît pas s'élever de réclamations bien sérieuses. On rend généralement hommage, sous ce rapport, au zèle que les Compagnies ont mis à satisfaire le public. Les transports de messagerie sont mieux surveillés et moins sujets à ne pas arriver à destination. Les transports de denrées, primeurs, lait, poisson, etc., se font par des trains spéciaux, qui mettent les grands marchés en communication journalière et rapide avec des lieux de production même éloignés. C'est un des avantages les plus évidents des chemins de fer. Sans doute le commerce aimerait voir abaisser encore les prix déjà réduits. Il voudrait jouir du tarif de la petite vitesse et des délais de la grande. Mais les objets dont il s'agit ne sont pas de première nécessité et leur valeur, relativement considérable, leur permet de supporter des frais un peu élevés.

La principale demande à noter est celle qui tend à faire réduire, surtout dans les petites gares, le délai d'expédition des colis. La marchandise en grande vitesse est confiée aux trains omnibus de voyageurs. Si une latitude de trois heures est nécessaire, à Paris et dans quelques grandes villes, pour éviter l'encombrement qui pourrait se produire à la dernière minute, cette exigence paraît excessive là où l'on n'a pas à craindre que le départ des trains soit retardé.

D'un autre côté, il est question d'une mesure favorable au commerce comme aux Compagnies : ce serait d'autoriser celles-ci à transporter par les express, en relevant de 20 à 25 pour 100 les tarifs, certaines marchandises d'un faible poids et d'une valeur importante. On faciliterait par là, au profit des grands centres manufacturiers, le transport rapide des échantillons, et par conséquent les commandes. C'est ainsi que les fabricants de soieries de Lyon ont pu, tant que les autres industries n'ont pas réclamé l'égalité de traitement, recevoir une réponse de Paris en 36 heures.

Quant aux expéditions de petite vitesse, conformément au vœu émis par la commission, le ministre songe à réduire les délais au moins pour la plupart des produits manufacturés et des matières premières d'un prix élevé. On dresserait la nomenclature de ces objets, et, pour eux, la vitesse réglementaire serait portée de 125 à 200 kilomètres par 24 heures. On établirait ainsi une distinction dans la petite vitesse elle-même entre les marchandises qui demandent et peuvent payer une rapidité plus grande et celles qui, ayant naturellement peu de valeur, ne tiennent compte que du bon marché. Les taxes ne seraient pas relevées ; les maximums actuels paraissent laisser une assez grande latitude ; mais les Compagnies resteraient libres de proposer aux expéditeurs des tarifs spéciaux à délais allongés, moyennant une réduction de prix.

Nous ne discuterons pas le mérite de cette combinaison ni le droit qu'aurait l'Administration de l'imposer. Elle semble un effort pour donner satisfaction aux plaintes qui se sont élevées, et surtout pour calmer l'impression qui est résultée des chiffres rapportés par l'enquête sur les chemins anglais. Il est certain que ceux-ci, ayant à traiter avec des habitudes commerciales dont la vitesse paraît le grand souci, rachètent sous ce rapport, par des résultats remarquables, leur infériorité constatée, vis-à-vis des nôtres, comme prix. D'Aberdeen à Londres, les marchandises sont transportées en 40, au plus 45 heures; il nous faudrait 11 jours. D'Edimbourg à Londres, on prend 30 ou 40 heures, au lieu de 9 jours; de Bristol à Londres, 14 heures, au lieu de 6 jours; de Manchester à Londres, 14 heures encore, au lieu de 7 jours. En face de pareilles différences, quoiqu'elles ne se produisent guère que sur les lignes directes, l'industrie française et le commerce d'exportation se croient ruinés, et réclament, pour soutenir la concurrence de leurs rivaux, des conditions plus égales. Ce n'est pas tout. On exagère l'argument et, soutenant que les délais fixés par l'arrêté de 1859 sont très-ordinairement dépassés, on prétend prouver par des chiffres que le bénéfice des chemins de fer est à peu près nul, chez nous, comme célérité et comme exactitude pour les transports de marchandises. Dans bien des cas, a-t-on dit, le commerce regrette l'ancien roulage. Le commerce de Reims a pris le parti de le rétablir, et renonce à se servir de la voie ferrée pour tous les petits parcours; dans la direction de Paris même, aucun avantage ne lui a été fait. — le chemin de fer met 4 jours comme autrefois le roulage ordinaire, et l'accéléré ne demandait que 48 heures. Il y a ainsi une foule de points où les progrès de la science n'ont fait que rendre les communications beaucoup plus lentes qu'autrefois.

C'est là une opinion extrême qu'il ne faut pas prendre dans un sens absolu. Les hommes les plus éclairés, les mieux placés pour juger avec impartialité une pareille question, ne font pas difficulté de reconnaître que le régime actuel constitue un réel progrès sur celui qui l'a précédé : de Paris à Marseille, le roulage accéléré mettait 10 jours, — le chemin de fer n'en met que 9, avec diminution d'un tiers dans le prix. Mais un tel résultat est-il suffisant? De grandes réformes ne pourraient-elles pas s'obtenir si les Compagnies s'entendaient mieux avec les expéditeurs, si, se dégageant des formes bureaucratiques, traitant commercialement avec eux, comme en Angleterre, elles rendaient inutile l'emploi des intermédiaires auxquels le commerce est maintenant obligé d'avoir recours? De leur côté, les Compagnies font valoir les améliorations déjà réalisées : de Lille à Paris, le roulage ordinaire effectuait en 8 jours au prix de 65 fr., et l'accéléré en 4 au prix de 100 fr., les transports que le chemin de fer accomplit pour 45 fr. en 3 jours; sur la ligne de Bordeaux à Cette, c'est 5 ou 4 jours au lieu de 8 par le roulage accéléré, de 15 par roulage ordinaire, de 12 à 20 par bateaux. A entendre les chemins de fer, ce n'est pas avec le roulage qu'il est juste de les comparer, c'est avec la batellerie, qui, seule, comme eux, se chargeait des matières encombrantes, les conduisait par masses et avec obligation de déchargement partiel aux points intermédiaires. De même, si l'on cite l'Angleterre, il ne faut pas oublier seulement ce qui est favorable aux entreprises de transports. Qu'on permette donc aussi aux nôtres de refuser les expéditions qui dépassent trop la moyenne de l'année précédente, ou de fermer leurs gares dans le cas d'encombrement officiellement constaté.

A cela le rapport de la commission s'empresse de répondre que, ce qu'il faut imiter, ce sont les manœuvres à l'anglaise pour les bifurcations, ou les dispositions expéditives prises chez nos voisins pour les opérations de chargement ou de déchargement. Quant au reste, c'est l'affaire d'autorisations ministérielles, comme c'est au gouvernement, dans un pays de monopole, à remplacer, par son action sur les Compagnies, la garantie précieuse que le public trouve ailleurs dans la libre concurrence.

Quelle est, en réalité, cette situation des Compagnies anglaises invoquée des divers côtés dans ce débat? Les documents constatent qu'elles n'ont pas de charte réglementaire de leurs rapports avec le public. Elles sont absolument indépendantes dans leur action, sauf les obligations que peuvent leur imposer des entreprises rivales. Non-seulement elles sont libres d'ajouter sans contrôle aux tarifs légaux des droits de chargement et déchargement, des taxes qui les augmentent du double pour les petites distances et d'un supplément très-notable jusqu'à 200 kilomètres; non-seulement elles peuvent faire varier leurs prix à volonté pour la même nature de marchandises, et consentir des conditions différentes à chaque expéditeur, selon les quantités transportées, mais elles peuvent même refuser absolument telle ou telle nature d'objets, ou n'en faire que le remorquage, en laissant les particuliers maîtres de se procurer des wagons et de les charger. C'est ce qui a lieu notamment pour presque tous les minerais. Elles évitent par là une des plus grandes difficultés de l'exploitation, celle de concentrer sur un point donné le matériel nécessaire, surtout pour une production variable comme celle des mines. Quant aux délais, les chartes de concession portent que les transports doivent se faire dans un temps raisonnable, et le commentaire de cette disposition est l'avis suivant inscrit dans tous les tarifs : *La Compagnie ne garantit pas les heures de départ ni celles d'arrivée des trains de marchandises : ce qui veut dire qu'on ne garantit aucun délai d'expédition.* Le fait le plus remarquable, c'est que cette li-

berté, loin d'être une cause de négligence, ne fasse, comme on l'a
vu, qu'accélérer le service. Il est curieux d'entendre les explications
qu'en donnent les directeurs mêmes de ces entreprises. « Ils m'ont
tous déclaré, dit M. Moussette dans son remarquable rapport, que, si
les expéditeurs exigeaient des engagements formels pour les délais
d'expédition et de livraison des marchandises, si la législation imposait aux Compagnies des délais rigoureux, et si, surtout, une pénalité était stipulée pour les cas de retard, ils indiqueraient sur les
engagements un délai triple au moins du délai employé actuellement.
Et alors, ont-ils ajouté, de cet état de choses naîtrait l'habitude de
prendre tout le temps obligatoire, sous le prétexte d'éviter les erreurs
qu'entraîne un rapide service, et aussi pour amener une économie
d'exploitation capable de compenser les indemnités auxquelles les
Compagnies seraient forcément assujetties. »

Il résulte, en effet, de cette latitude laissée par la législation anglaise, que les chemins de fer n'ont pas, en général, à subir de retenues
pour retards. Toutes les autres indemnités pour pertes, avaries, etc.,
sont, sauf de très-rares exceptions, réglées par des transactions amia-
bles avec les intéressés. En somme, le montant total des retenues
afférentes aux erreurs ou irrégularités de toute nature, représente,
pour l'ensemble du transport des marchandises de classes, environ
1 fr. 60 pour 100 du produit brut. Ce chiffre est élevé et dépasse
notablement la proportion pour laquelle cette nature de frais entre
dans les dépenses des lignes françaises. Il ferait supposer que la rapidité ne s'obtient qu'en sacrifiant dans une certaine mesure la régularité du service[1].

Les compagnies françaises sont loin d'une pareille liberté d'al-
lures. Elles sont renfermées dans les étroites limites d'un règlement qui, d'une part, fixe le temps réservé aux opérations de départ et d'arrivée, de l'autre indique le nombre de kilomètres à par-
courir par jour. En fait, le premier délai est à peine suffisant ; il est
souvent dépassé, et l'on rachète la différence sur le délai afférent au
trajet. Mais, ici encore, bien des difficultés se présentent auxquelles
échappent les chemins anglais. D'abord ceux-ci n'ont pas à desservir
un pays doué d'une centralisation puissante, avec un réseau centra-
lisé lui-même en vue d'un petit nombre de points importants d'où
tout part et où tout vient aboutir. Il en résulte que le trafic se répar-
tit beaucoup moins inégalement que chez nous entre les divers points
d'expédition et d'arrivage. Si les gares secondaires sont comparative-
ment plus pauvres en France, par contre, dans les grandes gares de
Londres les expéditions journalières ne dépassent guère 5 à 600 ton-

____
[1] La moyenne sur nos lignes est de 0 fr. 40c. à 0 fr. 60 c. pour 100.

nes, tout au plus 1000 ou 1200, chiffres de beaucoup inférieurs à
ceux des gares de Paris[1], et il n'est pas besoin d'insister sur les obstacles considérables qu'oppose à la promptitude du service la concentration de grandes masses de marchandises à faire partir d'un
même lieu.

Ces obstacles tiennent à la nature des choses. On ne s'en plaindrait
pas, si, par la faute des hommes, d'autres complications ne venaient
s'y ajouter. Parlerons-nous de l'article du cahier des charges aux
termes duquel toutes les marchandises ayant une même destination
doivent être expédiées sans tour de faveur dans l'ordre de leur in-
scription? Inapplicable matériellement dans ses termes absolus,
cette disposition a pourtant échappé à la suppression qui était récla-
mée. Mais un fait plus grave, c'est la jurisprudence qui impose aux
compagnies l'obligation de conserver les marchandises expédiées sans
stipulation de BUREAU RESTANT, ou même stipulées livrables au domicile
du destinataire, toutes les fois que celui-ci manifeste l'intention de
les prendre lui-même en gare[2].

Quelles charges une telle décision ne peut-elle pas faire peser sur
les chemins de fer? Responsabilité indéfinie, nombre toujours crois-
sant du personnel, gêne de tous les services, gares immenses sans
cesse étendues, toujours insuffisantes, qui deviennent des entrepôts
plus économiques où les colis s'accumulent, quoi qu'on fasse, et
souvent changent plusieurs fois de propriétaires sans déplacement
et presque sans frais; telle est la situation à laquelle les compagnies
ne cessent de demander qu'il soit mis un terme. L'élévation proposée
du tarif de magasinage n'est acceptée par le ministre que comme un
remède provisoire, dont il se réserve d'autoriser au besoin l'emploi;
mais il fait espérer des mesures législatives qui permettraient le
transport d'office, dans un entrepôt public, des colis non réclamés
ou refusés.

En somme, l'organisation de nos réseaux amène cette double conséquence : le délai actuel est large quand il s'agit d'expéditions à
grande distance et effectuées exclusivement sur une des lignes principales aboutissant à Paris[3]; il est au contraire tout au plus suffisant
pour les envois qui suivent des lignes transversales, ou ceux qui vont
à de petites distances.

C'est pourtant, il faut le reconnaître, à l'égard de ces derniers que

[1] Rapport de M. Moussette, p. 73. La gare de La Chapelle expédiait 6,000 tonnes
par jour en moyenne.

[2] Arrêt de cassation du 17 juillet 1861.

[3] La Compagnie de la Méditerranée, dans sa réponse, paraît disposée a adopter la
fixation de 200 kilomètres par jour pour ces sortes de transports, quand il s'agira
des marchandises des deux premières séries

des améliorations sont nécessaires surtout. Les chemins de fer se prétendent impuissants à satisfaire pleinement ces besoins : ils craignent que la nécessité d'un double camionnage ne les mette toujours, à cet égard, dans un état d'infériorité vis-à-vis du roulage. On pourrait essayer de faire voyager les marchandises par la grande vitesse, avec taxe intermédiaire entre les deux classes de tarifs. Il faudrait que ce fût à titre d'exception, car, en général, ce n'est pas une bonne mesure que cet établissement de tarifs et de délais moyens. Comme, dans la plupart des cas, les compagnies sont, quoiqu'on en dise, forcées par les concurrences qui les pressent, non-seulement à ne pas excéder les limites de temps fixées pour la petite vitesse, mais même à rester de beaucoup au-dessous, la différence qui subsiste entre les deux services n'est pas assez considérable pour souffrir un juste milieu. Si ce tarif intermédiaire réussissait, ce serait en enlevant aux trains plus rapides, par l'appât de l'économie, leurs transports. Dès lors de nouvelles plaintes sur la lenteur des livraisons pourraient surgir et faire exiger le retour sans compensation aux délais de la grande vitesse actuelle. Mais les expériences qui ont été faites semblent prouver que ces tarifs sont inutiles ; qu'ils ne répondent pas à un vrai besoin du commerce ; que celui-ci, comme les compagnies l'avaient préjugé, cesse de tenir à la rapidité dès qu'il faut la payer, et sacrifie tout au bon marché. C'est du moins ce que la compagnie d'Orléans a déclaré à la dernière réunion de ses actionnaires.

Quelques embarras que pût causer aux chemins de fer l'abréviation des délais indiquée par l'administration, le côté le plus sérieux de cette disposition serait peut-être dans les exigences qui viendraient lui servir de corollaire et de sanction. Déjà, le cahier des charges de 1859 a imposé la nécessité de constater toute expédition par une lettre de voiture ou un récépissé énonçant la nature et le poids du colis, le prix total et la durée du transport ; ce récépissé est une grande gêne pour les compagnies dont les agents sont obligés de perdre de dix à vingt-cinq minutes, chaque fois, pour en réunir tous les éléments et le rédiger [1]. Elles demandaient la suppression des mentions relatives au délai et au prix, surtout elles repoussaient la stipulation d'une retenue en cas de retard. Mais l'argument du monopole répond à tout. Ici encore, on leur oppose la situation d'infé-

---

[1] On propose de simplifier le récépissé par l'emploi de bulletins analogues à ceux de l'octroi de Paris. Ces bulletins sont informes et n'auraient d'avantages pour personne. Les Compagnies proposent d'abolir le récépissé obligatoire pour toute expédition, et dont le timbre à 20 centimes augmente souvent les frais de transport de 60 à 70 pour 100, en conservant seulement la lettre de voiture pour les expéditions en petite vitesse. Celle-ci étant timbrée à 50 centimes, le trésor y gagnerait et l'on supprimerait la prime que le système actuel offre aux groupeurs.

riorité faite au public et la protection qui lui est due : s'il est lésé,
il recule devant la nécessité d'un procès en dommages et intérêts ; il
faut donc qu'il ait toujours entre les mains un titre énonçant claire-
ment le délai et la retenue, retenue qui variera du dixième au tiers,
suivant la durée du retard, et que le destinataire pourra opérer lui-
même en payant le prix stipulé.

Il y aurait là une innovation grave, et moins favorable, peut-être,
que l'on ne pense, au commerce. La retenue a pour elle l'exemple
peu probant des Compagnies allemandes, et celui du roulage qui la
consentait habituellement. Mais il paraissait admis que le roulage,
industrie libre, maîtresse de baisser à son gré ou de hausser ses prix,
d'abréger ou d'allonger les délais, ne devait pas servir de point de
comparaison à l'égard des nouvelles entreprises. Leur situation est
bien différente. Elles ont des tarifs établis d'office par l'administration, tarifs extrêmement réduits et qu'une clause pareille peut
rendre ruineux, puisqu'elle s'appliquerait également aux transports
réservés naguère à la batellerie à laquelle on ne demandait aucune
garantie de délai. Déjà la question s'était posée devant les tribunaux ;
mais ils avaient reculé devant une interprétation qui aurait grave-
ment modifié les conditions du contrat : aujourd'hui c'est le ministre
qui se propose d'obtenir cette aggravation du législateur lui-même,
si les compagnies ne consentent bénévolement à s'y soumettre.

Remarquons que cette retenue, encourue par le fait seul du retard,
n'anéantirait nullement l'action en dommages-intérêts au cas d'un
préjudice plus considérable. La règle, en effet, règle acceptée sans
difficulté par le commerce aussi bien que par les compagnies, est
la réparation du tort que le retard cause à l'expéditeur ou au
destinataire. Il s'agit d'une obligation commerciale non remplie, fait
prévu, et puni comme il mérite de l'être, par le Code de commerce :
on ne peut le soustraire à l'application des principes posés dans
ce code.

Mais le transporteur est exposé à voir surgir de sa faute de bien
autres conséquences. Les agents du contrôle, qui représentent l'œil
et la main de l'État, sont armés du droit de provoquer par des procès-
verbaux des poursuites correctionnelles. Dans leur zèle quelquefois
excessif, ils n'hésitent guère à en user, et donnent ainsi de l'importance à une foule de faits qui, sans leur intervention, seraient passés
parfaitement inaperçus ; par là l'indemnité pécuniaire devient la
moindre des pénalités dont les compagnies sont menacées.

Y a-t-il eu retard dans une livraison de marchandises ? S'est-on
trouvé dépourvu de places à une station et obligé d'ajourner au train
suivant des voyageurs qui avaient reçu d'avance des billets ? Il ne
suffit pas de tenir compte aux particuliers du dommage qu'ils ont

éprouvé. L'intérêt public se prétend lésé. Les agents du chemin de fer doivent encore subir des condamnations correctionnelles, qui peuvent s'élever jusqu'à 300 francs d'amende et un mois de prison. Que gagne à cela la société? Si l'on prive les compagnies, au moment le plus inopportun, des services de leur personnel, pense-t-on faciliter leur tâche ; et, quand on aura réussi à remplir leurs cadres de repris de justice, aura-t-on augmenté la confiance que ce personnel doit inspirer au public?

Un mal plus sérieux encore, c'est que ces poursuites n'atteignent pas seulement des employés subalternes, assez faciles à remplacer. Elles vont, sans plus de ménagements, frapper au sommet des principaux services les chefs sur lesquels tout repose. Bien des circonstances peuvent y donner lieu. Rappelons seulement les applications que reçoit tous les jours l'art. 419 du Code pénal[1], comme sanction de l'article du cahier des charges relatif aux correspondances. Cet article pose le principe d'une égalité absolue entre toutes les entreprises de transport qui desservent les mêmes routes, et les chemins de fer ne peuvent déroger à cette règle sans une autorisation administrative. D'abord, à ce sujet, il y a divergence entre le ministère des travaux publics et la cour de cassation. Le premier considère les prescriptions légales comme remplies par la communication des traités faite préalablement à la mise à exécution ; la seconde est plus sévère, et condamne tout acte d'exécution constaté avant qu'une ratification complète et sans conditions ait été notifiée[2]. Or, dans la pratique, des injonctions pareilles sont souvent et forcément enfreintes. Quand une seule Compagnie, comme celle d'Orléans, est obligée d'entretenir 276 services de correspondances, on conçoit qu'il ne se passe guère de jours sans que l'un de ces services s'arrête brusquement, par suite d'un décès, d'une faillite ou de tout autre accident. Il faut assurer de suite la continuité du mouvement, avec cette difficulté que, responsable vis-à-vis de l'expéditeur, la Compagnie doit examiner l'honorabilité de ceux à qui elle confie la réexpédition. La question se complique encore, si l'on admet la doctrine d'un récent arrêt, aux termes duquel l'établissement d'une nouvelle entreprise, venant faire concurrence à celle avec laquelle le chemin de fer a traité, rend immédiatement nécessaire l'autorisation, et punissable le fait d'avoir continué des relations exclusives avec le correspondant primitif. Voilà donc une foule d'éventualités en dehors de toute intention coupable et même de toute prévision, voilà des faits commandés par des nécessités impérieuses, qui donneront ouverture aux

---

[1] En vertu de la loi du 15 juillet 1845, art. 14.
[2] Arrêt de cassation de février 1855 et lettre ministérielle de décembre 1857.

poursuites, et les peines appliquées seront celles du délit de coalition, même en l'absence de tout acte de coalition, pour simple contravention à une mesure disciplinaire. 500 à 10,000 fr. d'amende et un emprisonnement d'un mois à un an, telles sont les rigueurs vraiment excessives dont se voient menacés tous les jours les directeurs mêmes de nos grandes lignes, des hommes placés à la tête de l'industrie et de la science! Cette situation a motivé, dit-on, la retraite prématurée de l'un des plus éminents. Certes, il y a loin de là aux immunités dont notre centralisation administrative entoure ces mêmes hommes tant qu'ils se contentent de servir paisiblement l'État dans les cadres du corps important auquel ils appartiennent. Protégés dans leur action par la nécessité de l'autorisation du conseil d'État, préalable à toute poursuite, investis par la loi du 29 floréal an X d'une véritable juridiction sur toutes les industries de transports, autant ils avaient de priviléges, autant sont exceptionnelles les sévérités qui maintenant les frappent. Ce revirement n'est pas l'un des moins étranges effets de notre régime administratif.

Mais les chemins de fer sont un grand instrument de nivellement matériel et moral. Le système de l'exploitation par l'industrie privée peut rendre un double service : d'une part, en faisant tomber les règlements surannés qui régissent les anciennes voies de communication ; de l'autre, en obtenant l'application sincère et complète, aux associations comme aux particuliers, du principe de l'égalité devant la loi [1].

Les vices d'un tel état de choses ont déjà frappé la commission, et elle a cherché le moyen d'y remédier : la nécessité de l'autorisation formelle et préalable serait supprimée. L'administration aurait cinq jours pour interdire la mise à exécution du traité, et le droit à toute époque d'en arrêter l'effet en cas de plaintes reconnues fondées. Quant à la pénalité, il ne serait plus question d'appliquer l'emprisonnement aux directeurs des Compagnies. Reconnaissant que, le plus souvent, il s'agit d'une simple réclamation privée, élevée par un concurrent, le rapport déclare bien suffisante l'action en dommages-intérêts de la partie lésée. De ces deux propositions, la première seule est visée avec approbation dans la lettre du ministre. Il est fâcheux que ce soit la plus discutable ; car les plus sérieux inconvénients naîtraient de ce droit de *veto* indéfini, qui permettrait au pouvoir, juge souverain des réclamations, de venir à chaque instant désorganiser les services de correspondances, imposer aux Compagnies l'obligation d'indemniser les entrepreneurs et de les remplacer. Quant aux mesures législatives qu'il faudrait provoquer pour sup-

---

[1] V. l'ouvrage de M. Flachat, p. 82.

primer la sanction correctionnelle, pourquoi n'en est-il plus fait mention?

V

C'est surtout maintenant que va se manifester cette résistance du pouvoir aux réformes, et cette supériorité des vues de la commission. Celle-ci elle est plus libérale que le département des travaux publics, par cela seul qu'elle n'est pas lui. Elle fait comme la justice administrative, qui s'occupe constamment à protéger les citoyens contre les écarts de l'administration elle-même.

Il s'en trouve un exemple curieux dans un arrêté rendu, en 1859, par le ministre des travaux publics, au sujet des difficultés pendantes entre ses collègues de la guerre et de la marine et les Compagnies de chemins de fer. Il s'agissait d'interpréter l'article du cahier des charges qui établit, pour les militaires ou marins, leurs chevaux et leurs bagages, la faveur d'une remise des trois quarts sur le tarif. Déféré au conseil de préfecture de la Seine, cet arrêté a été cassé dans ses dispositions les plus graves. Faut-il attribuer ce succès à l'heureuse innovation de la publicité donnée aux séances des conseils de préfecture? Est-il dû simplement à l'énormité de réclamations que le commissaire du gouvernement lui-même avait déclarées inadmissibles sur presque tous les points? Quoi qu'il en soit, l'administration n'a, pour ainsi dire, obtenu, et c'est déjà beaucoup, que l'extension du bénéfice de l'article à cinq catégories de personnes assez peu militaires, comme les élèves de l'École polytechnique ou les aumôniers et chapelains des armées. Mais elle voulait faire considérer comme valable, dans toute direction, une feuille de route indiquant une direction déterminée, ou même une feuille de route périmée; elle soutenait encore que les voitures, caissons et prolonges, les canons et affûts, voyageant avec l'armée, devaient profiter de la réduction comme *bagages des soldats*. Ce singulier mode d'interprétation a échoué. Ce qui a échoué surtout, c'est la prétention d'établir qu'en vain une Compagnie, requise par le ministre de la guerre, aura tenu tout son matériel à sa disposition, rempli, sans se faire prier, toute sa tâche, effectué, dans des conditions merveilleuses de vitesse et de sécurité, tous les envois de troupes et de bagages d'une armée de 200,000 hommes : si elle n'a pas pour cela fermé complètement ses gares à sa clientèle régulière, si, par l'habile emploi de toutes ses ressources, ou même par des emprunts, elle a réussi à desservir encore, dans une certaine mesure, le public, par ce fait seul elle sera déchue du bénéfice stipulé en cas de réquisition, et verra les transports de guerre taxés non plus à la moitié, mais au quart du tarif. Ainsi, une perte de 50 pour 100 proposée comme récompense de tant d'efforts, comme compensation de tant de dépenses, car une pareille somme de travail ne s'obtient pas sans augmenter ou rémunérer largement le personnel de l'exploitation, voilà comment l'administration entendait encourager les Compagnies à redoubler d'efforts si leur concours était de nouveau réclamé pour défendre l'honneur du pays! Quelle meilleure preuve pouvait-elle donner de sa confiance dans leur patriotisme[1]?

Malheureusement pour les Compagnies, tout ce qui blesse leurs intérêts, ne donne pas ainsi ouverture à un recours devant une juridiction, même administrative. Quand le gouvernement agit dans les limites de son pouvoir réglementaire, on ne peut que s'incliner et accepter sa décision.

Il en est ainsi pour les tarifs. Nulle taxe ne peut être perçue sans

[1] C'est une étude pleine d'intérêt que de suivre, dans l'exposé statistique qui a été dressé par l'Administration elle-même, les services rendus par les compagnies de chemins de fer, et en particulier par la ligne de Paris à la Méditerranée, au début de la guerre d'Italie. En voici le résumé :

Il a été transporté : par trains spéciaux, avec double emploi, bien entendu, 405,400 hommes et 89,700 chevaux; par trains ordinaires, 198,500 hommes et 59,500 chevaux, sans compter tous les autres transports, voitures, matériel, munitions, bagages, etc. Il y a eu, pour 80 jours en moyenne, par jour, 50 trains 6 et par heure 1, 28, marchant à une vitesse de 24 à 50 kilomètres à l'heure, et cela sans le moindre accident. Le mouvement réel de sortie constaté du 20 avril au 15 juillet, sur la ligne de la Méditerranée et ses embranchements, a donné un total de 229,598 hommes et 56,657 chevaux : dans les dix derniers jours d'avril, ce mouvement a été de 84,210 hommes et 5,514 chevaux, soit, par jour, en moyenne, 8,400 hommes et 550 chevaux. La seule journée du 25 avril a eu pour sa part 17 trains spéciaux transportant 12,148 hommes et 655 chevaux, indépendamment des transports civils effectués dans les 15 trains conservés du service ordinaire.

Si l'on calcule le temps qu'aurait exigé le même mouvement par étapes, même en le réduisant au parcours des lignes de sortie de Paris à la frontière ou à la Méditerranée (environ 800 kilomètres), et en supposant que les troupes marchent sur autant de colonnes que l'auraient permis les routes convergentes, mais en tenant compte des délais nécessaires pour éviter l'encombrement et assurer les subsistances et les transports sur essieux, il est difficile d'admettre que le mouvement entier eût pu s'effectuer en moins de deux mois. On aurait donc pour la durée comparative : par les chemins de fer, 10 jours, par étapes 60, différence en faveur des chemins de fer de 1 à 6, sans malades, sans retardataires, sans avarie ou détérioration quelconque dans les objets d'équipement, d'armement, etc. et, en outre, sans aucune charge pour les localités traversées. De tels chiffres montrent suffisamment quel accroissement de puissance les chemins de fer donnent au pays pour toutes les combinaisons stratégiques, et surtout pour une guerre défensive.

une concession, contenue soit dans le cahier des charges, soit dans
un acte postérieur : en outre les taxes, même autorisées, doivent,
avant toute perception, être soumises à l'homologation du ministre
des travaux publics. Tels ont été, dès l'origine, les principes, mais
ils ont reçu aux diverses époques des applications bien différentes.
D'après la jurisprudence de la commission qui, de 1848 à 1852, a
régi les voies ferrées, l'homologation n'était qu'un simple visa de
l'Administration, constatant qu'elle ne trouvait rien dans les tarifs
proposés, de contraire au cahier des charges. Alors l'application du
tarif restait un fait propre aux transporteurs, réservant aux tiers leur
recours devant les tribunaux ordinaires ; ce n'était pas un de ces
actes administratifs qu'une déclaration de conflit peut leur interdire
d'apprécier.

Depuis 1852, les choses se passent autrement ; la tendance à exa-
gérer le principe d'autorité n'a pas été, au ministère des travaux
publics, moins prononcée qu'ailleurs, et elle s'est exercée avec le
même succès sur tout ce qui en dépend. Homologuer, a-t-on dit,
cela signifie approuver ou non, avec ou sans conditions, sans que
ces conditions aient besoin d'aucune justification : c'est le régime du
bon plaisir ; il en résulte une immixtion permanente, et un pouvoir
discrétionnaire de l'autorité dans toutes les questions qui se rattachent à l'exploitation des chemins de fer. L'homologation ne se
donne qu'après l'examen des propositions par le contrôle et par l'administration centrale ; après des formalités nombreuses d'instruction
et de publicité, auxquelles les Compagnies ne peuvent manquer sans
s'exposer, non-seulement à l'action civile en dommages-intérêts pour
préjudice causé, mais aussi à l'application des articles du Code
pénal relatifs aux délits et contraventions à l'ordre public. Une réglementation aussi rigoureusement minutieuse amène nécessairement des lenteurs aussi préjudiciables aux intérêts des chemins de
fer qu'à ceux de leur clientèle, sans compter ce qu'il y a d'excessif à
traiter, en pareil cas, l'infraction aux règlements comme un délit en-
traînant des peines correctionnelles. Les abaissements de tarifs eux-
mêmes ne sont pas laissés au libre arbitre des grandes entreprises
de transports. Une condition rigoureuse est posée, c'est qu'une
fois abaissées, les taxes ne pourront être relevées qu'au bout de trois
mois pour les voyageurs et un an pour les marchandises. En outre,
le relèvement au bout d'un an c'est le droit, mais le fait est bien
différent. Tel chemin de fer, qui, dans un espace de dix ans, n'a
demandé que trois relèvements de tarifs, se les est vu refuser tous,
et cela pour des tarifs d'abonnement où l'administration avait sup-
primé la clause de l'abonnement, c'est-à-dire la seule compensation
qui motivât le sacrifice consenti.

Ces refus, et même cette suppression de la compensation stipulée, quelque sévères qu'ils paraissent, étaient du moins dans le droit rigoureux de l'Administration. Mais certains tribunaux voulurent également s'attribuer ce pouvoir, et c'est ainsi qu'on les vit déclarer le bénéfice des traités particuliers applicables aux tiers, tout en les dispensant d'en exécuter les conditions. Si la Cour de cassation elle-même reconnut qu'il y avait là un empiètement sur le domaine administratif, ces décisions et les réclamations qui les avaient provoquées n'en eurent pas moins un résultat regrettable, celui d'amener en 1858 la suppression des traités particuliers, et bientôt après, en 1860, celle des tarifs d'abonnement[1].

Hâtons-nous de le dire, il ne serait pas juste d'imputer à l'Administration seule ces rigueurs : elles lui ont été imposées, et très-probablement contre le sentiment personnel des hommes placés à sa tête. Une sorte d'agitation à l'anglaise avait été organisée dans les centres producteurs. Il se manifestait un mouvement d'opinion assez factice, et suscité principalement par les anciennes industries de transports menacées, mais qui faisait illusion, dans un pays où l'opinion vraie a tant de peine à se révéler. Le public, déshabitué de la discussion, peu versé dans les questions économiques, jaloux, au fond, de la puissance des grandes associations, et les voyant trop dans la main de l'État pour apprendre à respecter leurs droits, acceptait avec faveur tous les arguments qui tendaient à lui démontrer que les chemins de fer ruinaient l'industrie par cela seul qu'ils en modifiaient les conditions. Quand les émeutes, en 1848, brûlaient les ponts ou détruisaient les machines à vapeur, elles obéissaient à un instinct peu différent de celui qui poussait, huit ou dix ans plus tard, les tribunaux à condamner les tarifs à prix réduits conditionnels, les chambres de commerce à les dénoncer presque unanimement au pouvoir, le Sénat à écouter favorablement ces pétitions, le Corps législatif à saisir les rares occasions que lui laissait la constitution de faire entendre les mêmes plaintes. Ces plaintes variaient peu dans leurs termes ; on y trouvait surtout l'invocation obligée aux principes de 1789. Tantôt la liberté était violée, puisque les titulaires de tarifs d'abonnement s'interdisaient d'avoir recours à aucune voie concurrente ; tantôt c'était l'égalité, puisque, dans les traités particuliers, des usines de même nature se voyaient plus ou moins favorisées selon leur importance. Mais les attaques portaient plus haut que ces deux formes spéciales de tarifs. Les raisons invoquées, et les prétentions secrètes ou avouées de ceux qui les produisaient, n'allaient à rien

---

[1] Voir sur toutes ces questions le savant ouvrage de M. Duverdy, *Traité du contrat de transport par terre, et spécialement par chemin de fer*, p. 255 et suivantes.

moins qu'à faire supprimer toute espèce de taxe fondée sur un autre
principe que la distance, à établir l'égalité kilométrique absolue,
égalité sauvage qui eût ruiné complétement l'industrie des chemins
de fer, ou détruit tout au moins leurs plus précieux avantages en
laissant subsister les anciennes conditions relatives de production et
de consommation. Pour ménager quelques intérêts privés, on aurait
pu anéantir d'un coup tous les résultats obtenus dans ces dernières
années.

Par bonheur, le ministre des travaux publics, plus éclairé que les
représentants du commerce et les grands corps de l'État eux-mêmes,
resta fidèle aux traditions de ce régime parlementaire[1], dont il s'est
donné le tort inutile de nier les services, et dont les patientes études,
à propos des premières concessions de chemin de fer, ont rendu tout
possible à ses successeurs, en fondant la législation, sur laquelle tout
repose encore. Le principe des taxes différentielles fut sauvé : les
deux formes les plus impopulaires payèrent pour toutes les autres
et furent seules frappées d'interdit. Moins radicale, la mesure eut des
effets moins funestes. Elle ne fut pas cependant sans de graves inconvénients, assez graves pour donner à réfléchir et produire un revirement marqué chez tous les esprits que des fantômes ne troublent
pas. En effet, avec les tarifs d'abonnement disparut un précieux
moyen d'amener des diminutions notables dans le prix de revient
d'une foule de matières nécessaires aux manufactures. Quant aux
traités particuliers, leur mérite était dans les tâtonnements qu'ils
permettaient aux Compagnies, et les facilités qu'elles y trouvaient pour
ouvrir de nouveaux débouchés, découvrir de nouveaux éléments de
trafic, sans compromettre l'ensemble de leur exploitation. Elles pou-
vaient ainsi stimuler dans une contrée, par des conditions exceptionnellement favorables, la création d'industries nouvelles, ou soutenir,
au contraire, dans un moment de crise, des industries déjà fondées.
Les avantages une fois accordés à une classe d'abord restreinte
d'expéditeurs, finissaient toujours par se généraliser et conduisaient
par degrés à l'établissement de tarifs spéciaux, c'est-à-dire à l'a-
baissement, au profit de tous, des frais de transport sur certaines catégories de marchandises. C'est cette action d'une liberté intelligente qui a été sacrifiée à un culte mal entendu pour l'égalité.

Veut-on saisir sur le fait le jeu de la liberté et le danger des restrictions dans un pareil sujet? On n'a que le choix entre les exemples

---

[1] V. notammment le discours de M. Legrand, sous-secrétaire d'État, à la chambre
des pairs en 1843 et celui de M. Dufaure, rapporteur à la chambre des députés, en
1844, au sujet de la concession des lignes d'Avignon à Marseille et d'Orléans à Bordeaux : enfin celui de M. le comte Daru, rapporteur à l'assemblée législative en
1851.

que présente l'histoire la plus récente du commerce intérieur. Ainsi,
le chemin de fer d'Orléans, par un traité à prix très-réduits, avait mis
les plâtres des environs de Paris à la portée des contrées du Sud-
Ouest, où cette matière fait également défaut à l'agriculture et aux
constructions. La double garantie qui était stipulée, d'un minimum
de transports annuels, et d'un maximum de prix de vente dans
des dépôts établis aux principales stations, sauvegardait tous les
intérêts et permettait à la Compagnie de s'assurer que la réduction
du tarif profitait bien au consommateur et non à l'intermédiaire. Le
public usait largement du bénéfice de cette mesure, quand la suppression des traités particuliers vint réduire exactement de moitié la
consommation, qui, depuis, malgré un tarif spécial accordant à tout
expéditeur les mêmes avantages, n'a jamais pu se relever. Et ce fait
n'est anormal qu'en apparence. La marchandise ne se trouvant plus
sur les lieux, la nécessité d'un achat par correspondance, sur simple
échantillon, a restreint les demandes ; et aucun producteur n'a voulu
faire, pour les activer, des démarches qui auraient pu profiter à ses
concurrents autant qu'à lui-même.

Voilà pour l'agriculture. Il en est de même pour les diverses
branches d'industrie. Celle du fer en particulier, pour qui les transports à bon marché sont une condition essentielle, a fourni dans l'enquête des exemples frappants qui condamnent cette alternative
imposée aux chemins de fer de donner ou de retenir tout, sans terme
moyen possible. Sur la ligne de Rhône et Loire, a-t-il été dit, le tonnage total des charbons est d'environ 1,250,000 tonnes, dont 65,000
seulement sont consommées par la métallurgie. En ce moment où
celle-ci éprouve des souffrances réelles, le chemin de fer n'aurait pas
demandé mieux que de contribuer pour sa part à les alléger, en
accordant aux maîtres de forges une diminution de tarif. Mais il aurait
été obligé, pour le seul bien des consommateurs de ces 65,000 tonnes,
de faire, sans les mêmes raisons, profiter du même abaissement la
totalité de ses transports de houille ; sa bonne volonté s'est trouvée
paralysée. Sur la ligne d'Orléans un fait analogue s'est produit. Dans
les premiers temps de l'application du traité de commerce, il y eut
une époque où les fers anglais entraient en quantités considérables
par les ports de Bordeaux ou de Nantes. Les maîtres de forges du
Berry demandaient avec instances un tarif réduit sur ces deux points,
et la Compagnie, par son intérêt même, était disposée à tout faire
pour les aider à soutenir la concurrence étrangère. Elle en fut em-
pêchée par l'impossibilité de maintenir pour Tours et Angers, d'une
part, Limoges et Périgueux de l'autre, des prix supérieurs à ceux
qui auraient été établis pour Nantes et pour Bordeaux. La faveur
faite aux points extrêmes, devant profiter à toutes les localités inter-

médiaires, aurait entraîné une trop grosse perte sur l'ensemble du trafic.

Tels sont les procédés par lesquels on entend marcher vers la réduction des frais de transports. Tel est l'appui qu'on prête aux industries françaises, lancées à l'improviste dans une lutte où leurs rivaux ont déjà tant d'avantages : les plus gros capitaux, les relations les plus étendues, l'esprit d'affaires le plus entreprenant et le plus dégagé, en même temps, de toute espèce d'entraves et de contrôle.

Il suffit de comparer cet état de choses à l'indépendance absolue dont jouissent les chemins de fer anglais, pour comprendre combien celle-ci est mieux appropriée à un régime commercial, qui répudie les prohibitions et réduit les tarifs protecteurs. La liberté peut seule guérir les maux qu'elle a causés. Si les industriels français, tout en acceptant avec courage et patriotisme la situation qui leur est faite, se sont plaint à juste titre, dans la discussion de l'Adresse, que l'on se vantât d'avoir devancé l'opinion publique, leur intérêt bien entendu serait de poursuivre toutes les applications du principe qu'ils invoquent, en demandant, comme dédommagement pour le passé et sauvegarde pour l'avenir, le droit pour chacun de débattre publiquement et de régler librement ses propres intérêts. L'habitude de recourir au pouvoir est trop familière à nos mœurs ; mais c'est une tactique dangereuse, et l'histoire des dernières années montre qu'elle manque rarement de se retourner contre ceux qui l'ont employée.

Pourtant, la rude leçon que l'industrie vient de recevoir et celles dont elle est menacée ne paraissent pas lui avoir ouvert les yeux. Cette année, comme les précédentes, c'est elle qui a dénoncé les chemins de fer, provoqué contre eux des mesures restrictives. C'est encore le pouvoir qui a eu le beau rôle, le rôle libéral, quand il a fait entendre, par la bouche de M. le ministre d'État, cette sage profession de foi. « Les tarifs différentiels..... le jour où vous les attaqueriez, vous attaqueriez en même temps la vitalité de l'industrie des transports en France. Les tarifs différentiels sont la condition essentielle de la production de l'industrie. Si les longues distances ne sont pas protégées par des abaissements, vous ruineron complétement le mouvoment industriel de ce pays[1]. »

Cette déclaration solennelle a par elle-même une réelle importance : ce qui en a plus encore, c'est la faveur avec laquelle elle a été accueillie au sein d'une assemblée dont la majorité n'avait pas coutume de professer de pareils principes. Cette séance est l'une de

[1] *Moniteur* du 18 janvier. Discours de M. Rouher en réponse à M. Brame dans la discussion de l'adresse. A la fin de la session, M. de Franqueville a défendu avec la même netteté, contre de nouvelles attaques, les principes sur lesquels repose l'exploitation de nos chemins de fer.

celles qui ont mis le mieux en évidence combien est arbitraire et fausse la distinction qui sépare, au sein du gouvernement, l'action et la parole. Elle a prouvé ce que gagne en précision et en autorité sur l'auditoire le langage des orateurs officiels, quand ils ont pratiqué et dirigé eux-mêmes les affaires qu'ils ont mission d'exposer devant les chambres. N'était-ce pas la force des choses qui portait M. le ministre d'État à s'écrier, comme il l'a fait avec une certaine satisfaction : « Je connais ces questions ; j'ai passé huit années de ma vie à les étudier. »

L'influence que des voix autorisées ont pu avoir sur les dispositions peu réfléchies du Corps législatif, c'est au travail de la commission à l'exercer sur le public d'une manière plus sérieuse et plus féconde : il faut souhaiter de voir tous les esprits se pénétrer peu à peu des saines notions qu'elle a puisées dans une étude approfondie des faits, et qu'elle applique, avec plus ou moins de bonheur, à la solution des diverses questions en litige. Pour l'homologation, l'autorisation administrative préalable serait supprimée : à moins qu'il ne s'élevât de justes réclamations, au bout d'un mois après la publication des nouvelles taxes, leur perception serait de droit, sauf la faculté réservée au Ministre de la suspendre à toute époque. Cette mesure semble avoir été préparée dès 1862 par un décret permettant la mise en vigueur immédiate des tarifs de transit et d'exportation. Elle sera donc sans doute admise ; seulement ce sont les Compagnies qui pourraient bien, cette fois encore, ne pas vouloir d'une faveur plus apparente que réelle. Autant elles devraient accepter avec empressement le retour au système de l'homologation implicite, autant elles auraient raison de se défier d'une condition résolutoire perpétuellement suspendue sur leur service, et absolument facultative. Un tel régime ne paraît guère commercial, et ce qui se passe dès à présent en montre bien le danger. On dit en effet que, malgré les déclarations de M. Rouher, le tarif de transit attaqué par M. Brame, et qui était fait pour attirer à travers la France, de Calais à Marseille, les marchandises anglaises à destination de l'étranger, n'a dû son maintien qu'à l'établissement d'un tarif d'exportation accordant aux expéditeurs français des conditions identiques.

L'abréviation des délais pour le relèvement des taxes, mesure également proposée, est vue avec moins de faveur par le gouvernement. Il constate que les oscillations sont la cause la plus fréquente des réclamations du public. En outre, il en est encore à redouter les jeux de tarifs destinés à ruiner les concurrences. Oublie-t-il tous les moyens qu'il a dans les mains pour déjouer de pareilles manœuvres ? Le propre de toute liberté, c'est qu'on peut en abuser. Est-ce une raison pour les supprimer toutes? Vaut-il mieux empêcher les Compagnies de réduire leurs prix, par la crainte de ne pouvoir plus les relever si le résultat venait à tromper leurs espérances?

Les traités particuliers n'ont pas été plus heureux, malgré le vœu exprimé, chose remarquable, par une chambre de commerce et les sympathies visibles de la commission. Mais celle-ci n'a pas osé demander l'abandon d'une mesure prise si récemment et prise sur l'avis des plus hautes autorités. Elle s'est bornée à souhaiter que la fréquence plus grande des rapports internationaux nous rendent moins scrupuleux sur l'égalité, dans un sujet où on la fait intervenir mal à propos.

Du moins, elle ouvre une voie détournée. Ce serait d'autoriser les expéditeurs importants à avoir eux-mêmes un matériel roulant ; on pourrait alors consentir des conditions plus favorables à ceux qui confieraient aux Compagnies leurs propres wagons tout chargés, en ne leur demandant que d'en faire le remorquage.

Ce procédé aurait l'avantage de faire cesser les plaintes du commerce, surtout des bassins houillers, qui montrent leurs travaux entravés ou leurs produits exposés à subir des déchets considérables sur le carreau de la mine, toutes les fois qu'ils n'ont pas un canal à leur disposition pour suppléer le chemin de fer. De leur côté, les compagnies invoquent le chiffre énorme et l'accroissement incessant de leur matériel qui, depuis dix ans, a doublé à peu près comme tonnage et augmenté comme nombre du triple et quelquefois plus. Elles disent que, tout ce qu'on peut exiger d'elles, c'est de se tenir au niveau de la production ordinaire et normale. Quant aux besoins extraordinaires et imprévus, s'il fallait être sans cesse en mesure d'y faire face, une portion notable du capital ne ferait que se perdre inutilement. Il semble que la mesure proposée, inscrite prématurément peut-être dans l'ancienne concession du chemin de fer de Montpellier à Cette, mettrait un terme à ces tiraillements et viendrait à point au moment où les obstacles tiennent à l'excès de réglementation. Il y aurait certainement bien des précautions à prendre pour éviter les complications qu'un double matériel entraînerait pour l'exploitation. Il faudrait profiter de l'expérience des Anglais qui ont étudié à fond ce système. De plus, il faudrait éviter de placer les Compagnies dans une situation fausse en continuant à leur imposer le transport, pour leur propres wagons, de tous les excédants. Mais l'Administration paraît disposer à laisser cette expérience se faire avec toute la liberté nécessaire. Il y a quelques mois, un journal a annoncé qu'un traité sur ces bases avait été conclu entre la Compagnie de l'Est et M. de Wendel. Nous lui souhaitons un heureux succès.

La commission ne s'en est pas tenue à l'examen de ces questions spéciales. Les observations générales, sur les conditions économiques des transports, qui servent de résumé à son travail, sont peut-être ce qu'il contient de plus remarquable. Consignées dans une partie distincte du rapport, ces observations ne font pas l'objet de propositions expresses. Elles sont destinées seulement à montrer la voie dans laquelle peut se trouver le véritable progrès. L'abaissement des tarifs proportionnellement aux distances parcourues, tel doit être le but : le moyen d'y marcher, c'est la persuasion, c'est une certaine indépendance d'action rendue aux Compagnies. Cela vaudra mieux que la contrainte.

D'abord, il y aurait un moyen de rendre les longs voyages accessibles aux classes laborieuses en en diminuant, pour elles, les frais : ce serait d'appliquer aux voyageurs un tarif différentiel analogue à ceux des marchandises. Les statistiques indiquent des différences considérables dans le développement des deux services.

Dans les dix années écoulées de 1852 à 1862, la progression du mouvement des marchandises serait comme 312 est à 100, et celle des voyageurs comme 120 seulement est à 100. Quant aux recettes, quoique la moyenne des taxes, abaissée de 8 1/2 centimes à 6 1/2 pour les marchandises, soit restée à peu près la même pour les voyageurs, cependant la progression serait de 100 à 242 pour les premières, et pour les seconds de 100 à 107 seulement. En outre, il semble constaté que les deux tiers des places en général restent inoccupés dans les trains. La conclusion est que les Compagnies méconnaissent leurs vrais intérêts en maintenant les prix aux mêmes taux, et qu'il y aurait profit, pour elles comme pour le public, dans un système de réductions qui augmenterait la circulation à grande distance. Seulement, comme il est reconnu que, dans beaucoup de cas, les tarifs portés aux cahiers des charges sont à peine rémunérateurs, c'est à elles de juger ce qu'il leur sera possible et avantageux de faire.

Sans aucun doute, cet appel serait écouté si les raisons sur lesquelles il se fonde étaient sérieuses, c'est-à-dire si les classes inférieures éprouvaient un réel besoin d'atteindre les grandes distances, besoin entravé par les conditions actuelles des prix. Les Compagnies se sont toujours montrées disposées aux essais qui leur ont paru offrir de sérieuses conditions de succès. On a vu les merveilleux résultats réalisés, comme bon marché, par les trains de plaisir ; ces sortes de combinaisons pourront s'étendre avec le développement des affaires et des relations. Les abonnements semestriels ou annuels entreront davantage dans nos mœurs. Chaque jour, pour ainsi dire, voit de gré ou de force un nouveau progrès se faire.

Quand deux points ne sont liés ensemble par le chemin de fer qu'au moyen d'un détour, jamais le prix n'est plus élevé que celui de l'ancienne route de terre, et l'allongement de parcours ne grève pas le public. Bien plus ; le bénéfice accordé, dans ce cas, aux points extrêmes, profite aussi aux points intermédiaires et la dernière discussion nous a appris qu'après une expérience personnelle, faite par M. le ministre des travaux publics à Asnières, ordre vient d'être donné de ne demander jamais plus cher pour une moindre distance que pour une plus grande. D'un autre côté, là où la concurrence est possible entre deux Compagnies, elles ne se sont guère, jusqu'ici, ménagé réciproquement, et le service établi par la ligne de l'Ouest entre Paris et Londres n'a pas été sans influence sur les conditions de prix et de vitesse du chemin du Nord. Ainsi les réductions de taxes s'obtiennent peu à peu, dans la mesure des accroissements que peut prendre le mouvement des voyageurs ; mais ces accroissements seront nécessairement lents, car on ne modifiera pas d'un seul coup les habitudes sédentaires de nos populations rurales.

Il faut remarquer, d'ailleurs, que la situation n'est pas la même pour les convois de voyageurs que pour ceux de marchandises. Les premiers qui sont, par leur nature, plus onéreux pour les Compagnies, ne le deviennent pas moins à mesure qu'augmente la durée du trajet. La surveillance et les frais de toute sorte restent kilométriquement les mêmes. Il en est autrement pour les marchandises qui, une fois chargées, n'entraînent pas des dépenses proportionnelles à la longueur du parcours, et donnent souvent alors un rendement plus rémunérateur avec un tarif beaucoup plus réduit. Aussi est-ce au sujet de ces derniers transports que les idées exprimées par la commission nous paraissent prendre le plus haut caractère de vérité, et d'importance pour le bien général.

Le rapport commence par rendre un juste hommage à la modération avec laquelle les Compagnies se tiennent, et même de beaucoup, au-dessous des limites de leurs tarifs. Elles sont arrivées à transporter la houille à 3 centimes la tonne, le plâtre à un peu plus de 2 centimes, sur des points éloignés des pays producteurs. Pour la quatrième classe de marchandises nouvellement créée, avec tarif décroissant selon les distances, les maxima viennent d'être réduits à 4 centimes au-dessus de 300 kilomètres. C'est à peu près la dernière réduction que puisse atteindre un maximum réglementaire. Le gouvernement a sagement fait d'aller jusque-là, car c'est une question vitale pour une foule d'établissements industriels placés loin des gisements et que le traité de commerce privait de protection. Mais, si l'on ne peut exiger plus qu'on n'a fait comme réglementation, on peut encourager les Compagnies à tenter des essais en grand, et même à longue

échéance, grâce à la durée de leur concession, et à la constitution
des réseaux qui les investit presque du monopole des transports
dans un vaste rayon. Elles ont tout intérêt à y développer la richesse, à y créer des besoins qui donneront lieu à plus de commerce et d'échanges. Avec la puissance des moyens dont la science
dispose maintenant, avec des locomotives pouvant remorquer 5 à
600 tonnes, des trains ayant une charge entière (*et on pourrait
en faire une condition dans certains cas*) arriveraient, sans cesser
d'être rémunérateurs, à porter à très-bas prix le combustible à
des groupes métallurgiques que leur éloignement placerait dans une
situation inquiétante en cas d'un nouvel abaissement des droits de
douane. D'après ce que M. Flachat a dit dans l'enquête, on pourrait
atteindre 1 centime si les transports se répartissaient également dans
les deux sens, et 2 centimes s'il fallait subir des retours à vide. Dès
à présent, avec des tarifs de 3 1/2 à 4 centimes, un grand courant
s'est établi entre les bassins houillers de Sarrebruck et de Mons,
et les minerais de fer de la Meuse, de la Moselle et de la Marne. Les
retours en minerais y ont aussi commencé. Or, sait-on ce que peut
représenter 1 centime de réduction par tonne de charbon transportée
à 2 ou 300 kilomètres? 6 fr. ou 10 fr. 50 c. par tonne de fer, —
c'est-à-dire pour les 500,000 tonnes que produit la Champagne,
1,800,000 fr. à 3,150,000 fr., dont la moyenne représente l'intérêt
à 5 pour 100 de la moitié de tout le capital consacré dans ces contrées
à la fabrication du fer.

Faut-il en faire la remarque? Ce n'est là qu'un exemple entre mille
autres. Ce qui est dit ici d'une industrie pourrait se dire à peu près
de toutes, même de celles qui intéressent le plus directement l'honneur ou la sûreté du pays. La modicité ou l'élévation des tarifs de
transit peut attirer à travers la France, ou repousser de nos côtes,
les marchandises étrangères à destination de l'étranger, par conséquent protéger ou ruiner le commerce de nos ports, la navigation et
les progrès de la marine française.

Voilà comment les Compagnies de chemins de fer disposent de la
prospérité publique ; voilà l'importance de leur rôle dans la production. Il semble qu'elles peuvent à leur gré créer des richesses, mais
elles n'ont cette faculté qu'à la condition d'une activité intelligente
qui ne va pas sans la liberté, et elles ne l'ont que dans la proportion
de la liberté qui leur est laissée. Les hommes expérimentés, chargés
de diriger l'enquête, l'ont bien senti. Ils ont compris que ni les tarifs différentiels à eux seuls, ni même les diverses améliorations qu'ils
proposaient, ne suffiraient pour assurer le maximum de bon marché.
Nous avons relevé des expressions qui supposent le rétablissement
de conditions de tonnage proscrites impitoyablement jusqu'ici. Mais

il faut encore persuader l'Administration, qui croit avoir beaucoup
fait quand elle a promis de renoncer, sans abdiquer aucun droit réel,
à quelques formalités gênantes, ou d'investir les Compagnies de priviléges illusoires [1]. De telles concessions ne sont pas suffisantes, et ne
donnent pas au gouvernement le droit d'invoquer l'impartialité avec
*laquelle il défend les Compagnies contre les exigences injustes des im-
patiences exagérées, pour les pousser plus avant dans la voie où le sentiment public les appelle.*

VI

Quels sont, maintenant, les enseignements qui se dégagent de
ce travail ? La liberté pour nos chemins de fer n'est pas un droit
absolu, comme pour les Compagnies anglaises. Celles-ci, n'ayant rien
demandé à l'État, conservent l'avantage précieux d'agir en dehors de
son action, sous sa simple surveillance, dans le sens de leurs propres
intérêts contenus seulement et modérés par le frein de la concurrence. Le capital énorme, consacré un peu imprudemment à ces entreprises, s'est trouvé un instant compromis ; si le développement de
la prospérité générale, et les conventions que les compagnies font
entre elles pour cesser de se ruiner réciproquement, commencent à
sauvegarder les intérêts de leurs actionnaires, il est encore vrai de
dire que ces actionnaires ne touchent que des revenus médiocres.
En revanche, le public est servi comme il veut l'être, rapidement et
dans des conditions vraiment commerciales, c'est-à-dire avec la faculté laissée à chacun de choisir les prix et les délais qui lui con-
viennent, selon ses besoins, son industrie ou ses ressources. C'est là
le caractère de ce système. Comme toutes les institutions de nos voisins, il suppose une plus grande part laissée à l'initiative individuelle.
Comparé au nôtre, il lui est inférieur quant aux points qui nous tiennent le plus à cœur : le confortable, la régularité, le bon marché. Sur

---

[1] Comme celui de laisser libre à toute heure à leurs propres camionneurs l'entrée et la sortie de leurs gares, sans être astreintes à faire profiter les autres voitu-
riers de la même facilité. L'Administration fait valoir les services qu'elle a rendus
sur ce point aux Compagnies, en les défendant contre les réclamations des camionneurs libres de Nîmes et de Cette : elle fait espérer une modification à l'art. 52 du
cahier des charges, qui assurerait aux chemins de fer cet avantage. Avec la faculté
de camionner d'office les marchandises hors des gares, c'est presque la seule promesse libérale que contienne la lettre du ministre.

ce chapitre, notamment, on trouverait des différences inattendues si l'on faisait entrer en compte le prix infiniment moins élevé des matières premières, le fer et la houille. Quand les chemins anglais l'emportent, c'est, entre autres raisons, qu'ils desservent un pays qui a une population plus dense, des villes plus rapprochées les unes des autres, une richesse plus grande, un mouvement commercial plus actif. Leur organisation est la plus conforme à l'état de la société pour laquelle elle est faite. Il faut l'étudier sans partialité et renoncer à n'y voir qu'un sujet de récriminations contre nos chemins de fer. Ce qu'on devrait admirer d'abord, c'est le principe libéral qui en fait la base : c'est à lui qu'il faudrait emprunter, dans la mesure compatible avec nos habitudes, tout ce qui pourrait corriger une centralisation devenue pleine de dangers.

En France, nous péchons en effet par l'excès de notre principe. Les Anglais ont su obvier aux inconvénients du morcellement par l'établissement d'un Clearing-House, créé pour centraliser l'action des entreprises de chemins de fer. Nous n'avons su, nous, qu'incliner de plus en plus du côté où nous entraînait notre pente naturelle. Pour prix de la protection qui, jusqu'ici, tout en réservant le droit, a défendu en fait les Compagnies dans la jouissance exclusive de leurs réseaux, elles ont consenti à se charger de lignes onéreuses, réclamées par l'intérêt général ; en outre, elles ont abdiqué leur indépendance. Devenues des puissances financières de premier ordre, elles ont dû se soumettre à la règle qui veut qu'il n'y ait pas plusieurs États dans l'État. Comme industriels privilégiés, elles se sont engagées à satisfaire le mieux possible les besoins du pays entier ; par suite, avec la surveillance du gouvernement qui le représente, elles ont accepté des services publics dispendieux, des délais de temps, des tarifs réduits, des restrictions nombreuses à leur action. En un mot, elles se sont reconnu chargées d'une importante mission officielle ; et, si elles ont évité ainsi les pertes de revenus ou même de capital qui ont frappé les Compagnies anglaises, d'autre part elles ont renoncé à poursuivre exclusivement l'augmentation de leurs propres bénéfices. Sans parler du partage avec l'État au-dessus d'un certain chiffre, elles ont souscrit plusieurs clauses d'une réalisation moins éventuelle qui fixent à leurs dividendes futurs un maximum inférieur aux chiffres atteints jusqu'ici. Il faut donc mettre au rang des préjugés l'idée des faveurs excessives dont les Compagnies se seraient vu comblées par le gouvernement. La situation qui leur a été faite ne ressemble en rien à celle qui résulte d'une libéralité. Un pacte souvent revisé a été conclu entre l'Administration et les intérêts importants que les Compagnies représentent, intérêts qui constituent une portion notable de la fortune publique. Ce pacte, les dépréciations successives du cours des actions, qui se comptent par centaines de millions, en représentent assez exactement le prix. Il met en présence deux parties unies par une solidarité nécessaire, mais dont il est temps de chercher, dans leur intérêt commun, à relâcher plutôt qu'à resserrer les liens.

Si nous avons créé, sous la protection de l'État, des agents de progrès énergiques, ces agents n'ont toute leur valeur qu'autant qu'ils ne sont pas l'État, qu'ils conservent leur volonté propre, leurs intérêts distincts, leur action personnelle et spontanée. Il importe de respecter et d'utiliser la capacité des hommes qui sont à la tête de cette grande industrie, en ne les réduisant pas à un rôle de machines. Qu'ils soient maîtres de traiter commercialement les choses commerciales. A défaut d'une indépendance réciproque, qui n'est plus possible, l'État doit considérer, du moins, les conventions faites avec les Compagnies comme une sorte de concordat réglant les rapports entre deux puissances, et qui veut être interprété en équité plutôt qu'en droit strict. Il ne doit pas chercher à en déduire une sujétion qui serait l'absorption du faible par le fort.

Certes, nous ne prétendons pas que tout soit au mieux dans le meilleur des mondes, et ceux qui voient de près les administrations de chemins de fer français, ne sont pas les derniers à s'apercevoir de leurs défauts. D'abord, s'il est démontré qu'il y a des actes auxquels les grandes Compagnies ne sont pas propres, sachons les soustraire à leur action. Telle est, ce semble, la construction des chemins de fer vicinaux. Les départements, les communes, des syndicats de propriétaires peuvent y trouver un bénéfice dans des conditions qui seraient ruineuses pour une grande entreprise. Ne craignons pas de confier à l'action locale ce qu'elle seule est capable de mener à bonne fin. Seulement, rappelons-nous qu'après ce qui s'est passé depuis huit ans et tout récemment encore, par exemple dans l'affaire du chemin de Cette à Marseille, les résistances de quelques Compagnies ne sont que trop justifiées. Elles ont besoin d'être rassurées contre des projets nouveaux dont elles finissent toujours par payer les frais. Il faut que la condition, d'ailleurs nécessaire, du transbordement, qu'un respect plus scrupuleux des engagements pris, une sévérité plus grande à l'égard de combinaisons souvent aventureuses, les amène à voir enfin, dans les chemins d'intérêt local, non plus une menace, mais au contraire un moyen d'attirer des affluents vers leurs grands courants commerciaux.

Sous le rapport de l'exploitation, l'abus du contrôle, des sujétions onéreuses, de la réglementation, rend impossibles les simplifications que demanderaient certaines lignes : et puis les Compagnies, sans cesse occupées à se défendre, deviennent hostiles à toute innovation.

D'un autre côté, en créant des sociétés puissantes, on a diminué les frais généraux, cela est vrai ; mais on a réduit du même coup la part de chaque agent dans l'entreprise, sa responsabilité, l'intérêt qu'il prend au succès. Au lieu d'une affaire, on a une vaste administration, disposée à se modeler sur les services de l'État, à sacrifier l'économie de temps et d'argent au culte d'une régularité méthodique et paperassière, que justifient seules les exigences officielles et l'intervention de plus en plus active des agents du gouvernement. De là ces formes bureaucratiques qui sont reprochées à nos chemins de fer ; de là manque d'activité pour chercher de nouveaux éléments de trafic, absence de cette entente amiable avec le commerce, qui résulterait d'un frottement quotidien sur un pied d'égalité, et qui, en Angleterre, contribue tant au bien du service en simplifiant tous les rapports. De là cette industrie du groupage, sorte de parasite qui vit aux dépens des expéditeurs, à la fois, et des transporteurs soupçonnés de négliger les objets minimes. De là, peut-être, cette impuissance des Compagnies à satisfaire le public pour les petits parcours ou pour les lignes d'embranchement. L'instrument fonctionne d'une manière régulière et puissante ; mais, comme une force aveugle, il ne sait agir que par masses et dans un sens déterminé. Par suite de la division extrême du travail, tout ce qui est exception, triage, tout ce qui s'écarte de la règle devient une cause de lenteurs ou de complications.

En même temps notre organisation territoriale et administrative a fait obstacle aux marches très-rapides, et c'est en sacrifiant cette condition moins capitale que des prix exceptionnellement favorables ont été atteints. Maintenant, quelle que soit l'amélioration à obtenir, ce n'est pas, croyons-nous, à une plus active intervention de l'autorité qu'il faut avoir recours. Il suffit que l'attention soit portée sur les besoins du commerce, qu'il puisse se concerter pour faire entendre ses plaintes. Les tribunaux n'ont pas envers les Compagnies des ménagements excessifs. Habituons-nous donc à laisser agir les contractants, les uns intéressés plus que personne à satisfaire leur clientèle, les autres qui verront s'ils peuvent payer le prix de ce qu'ils réclament. Dans tous ces rapports des Compagnies avec le public, ce serait une exigence trop anglaise de demander au gouvernement de s'abstenir, mais qu'il se réduise du moins au rôle de modérateur et d'arbitre, sans jamais exercer de pression.

Nous savons bien qu'il ne manque pas de gens dont les conseils le poussent, au contraire, à intervenir de plus près dans l'exploitation des chemins de fer. Il s'en est présenté dans l'enquête ; plus récemment au Corps législatif. Les uns ont pris pour argument l'intérêt même de la sécurité des voyageurs, les autres, simplement celui d'un réduction plus rapide des tarifs. Parmi ces derniers, il en

est qui [1] sont allés jusqu'à admettre l'idée d'un abaissement des
taxes, prononcé d'office, moyennant un dédommagement équi-
valent au rendement actuel, que des emprunts ou des impôts
nouveaux assureraient aux Compagnies. Cette garantie cesserait
aussitôt que l'augmentation de la circulation ferait remonter les recettes au niveau primitif, et l'État prendrait ensuite tout l'éxcédant
pour se rembourser peu à peu de ses avances. Est-il besoin de faire
remarquer que ce serait la violation formelle du droit des Compagnies, à qui l'avenir appartient aussi bien que le présent? Ce serait,
en outre, le sûr moyen de compromettre les plus grands intérêts
du pays. N'arriverait-on pas forcément à grever le trésor public
de charges énormes, en prenant aux uns pour favoriser les autres? Heureusement le gouvernement n'est pas, sans doute, en disposition ni en mesure de suivre de pareils conseils. L'exploitation
est et restera confiée à l'industrie privée. Mais, si l'on a senti l'u-
tilité de ce frein pour résister aux demandes d'abaissements indéfinis
de tarifs, on doit comprendre la nécessité de laisser à cette industrie
la plus grande somme de liberté possible, pour qu'elle trouve exactement le point jusqu'où les diminutions peuvent descendre, et où
elles devront s'arrêter. Rien ne peut remplacer en cette matière le
jeu de l'intérêt personnel, et les esprits éclairés comprennent déjà
qu'il faudra élargir le cercle, en ajoutant au maintien des tarifs différentiels le rétablissement des facilités enlevées récemment aux
chemins de fer. Une fois libres de tenter des essais, de faire même
des écoles, sans être liées à une concession qui les ruinerait, leur
intérêt est certain. Il est le même que celui des producteurs et des
consommateurs. Il est dans toute réduction qui pourra donner aux
affaires et à la circulation une impulsion assez énergique pour leur
laisser aussi un bénéfice. Or, voilà les seules réductions possibles ;
celles qui ne menaceront pas la prospérité des Compagnies. Dans ces
limites on peut être sûr de leur bonne volonté : aller plus loin ne serait
dans les moyens ni dans l'intérêt de personne. Quand bien même nous
vivrions sous le régime de l'exploitation par l'État, système défec-
tueux et qui perd partout du terrain, on ne pourrait faire davantage.
Au contraire, les frais seraient plus grands et l'équilibre plus difficile à établir entre les recettes et les dépenses. Avec les Compagnies, tout abaissement imposé au delà de ce que peut rendre l'accroissement du trafic deviendrait un danger public, car ces entreprises
ont des charges fixes auxquelles elles sont obligées de faire face. Si
la compensation espérée venait à manquer, ou seulement se faisait

[1] Voir le livre intitulé : *De l'abaissement des tarifs de chemins de fer*, par M. Marq-
foy.

attendre au delà des prévisions, le crédit serait ébranlé, les emprunts nouveaux ne se feraient pas ou se feraient mal, et l'achèvement du réseau serait compromis[1] du même coup.

Toutes les rigueurs exercées sur les chemins de fer, toutes les entraves dont on les entoure, toutes les exigences qui les pressent, se justifient par un seul mot : ils ont un monopole ! Cela dit tout, et cela semble toujours péremptoire. Invoqué dans la lettre du ministre, à l'appui de toutes les concessions qu'il demande aux Compagnies et de toutes celles qu'il leur refuse, cet argument se retrouve, bien des fois, jusque dans le rapport de la commission d'enquête. Il est vrai qu'il est entouré de raisons aussi sérieuses que celle des principes de 1789, violés par la marche des trains omnibus ou la disposition des banquettes de troisième classe. Ces phrases se débitaient déjà en 1848, à l'encontre des grandes sociétés qui commençaient à se former. Elles constituaient des monopoles; elles blessaient l'égalité : les ouvriers étaient des vassaux, placés sous le joug des hauts barons de la finance ; le capital était omnipotent, et l'État devait intervenir pour modifier ses rapports avec le travail. Or, depuis cette époque, on n'a fait qu'aller plus avant dans le sens de la concentration des forces. De savants économistes, et le vice-président de la commission lui-même, ont représenté les grands établissements industriels comme notre seul moyen de lutter contre la concurrence anglaise : pourtant ils tuent les établissements plus faibles, et constituent bien vite des monopoles. Les Compagnies de chemins de fer sont issues du même principe, et il n'est pas juste de se faire, contre elles seules, une arme d'une situation qui n'a pas été créée à leur profit exclusif. A leur tour, elles pourraient remarquer que, dans cette société égalitaire, on voit partout des monopoles, jusqu'à celui du crédit, le moins justifiable de tous, puisqu'il pèse de tout son poids sur le marché des fonds publics. Elles pourraient demander qui donc a le droit de leur jeter la première pierre. Est-ce bien le journaliste qui réclamait dernièrement la liberté des banques d'émission dans l'intérêt de la banque de Savoie? l'administrateur du Crédit mobilier, cette institution qui vient de travailler avec tant d'ardeur à écarter des rivaux, et qui s'est fait payer son désistement au prix d'un moyen, inespéré, de doubler son capital? le sénateur qui parle si bien pour la liberté du travail, mais en se prononçant contre celle de la tribune et de la presse? N'y aurait-il pas, à le bien prendre, dans ces fonctions si diverses, interdites au vulgaire, un certain nombre de monopoles assez caractérisés?

Il n'est dans l'intérêt de personne de faire appel aux passions.

---

[1] M. Audiganne, *Économiste*, décembre 1865.

Dans des questions si positives, il importe de ne pas se payer de mots. Si l'on veut appeler monopole la situation faite aux nouvelles entreprises de transport, il faut avouer, du moins, que le pouvoir leur a fait payer ses dons assez cher, et en surveille l'emploi d'assez près pour qu'il ne soit ni juste de les leur reprocher ni raisonnable de s'en inquiéter. C'est ici le cas de dire avec les présidents du chemin de la Méditerranée : « Un régime rigoureusement limité par des « tarifs, réglementé par un cahier des charges élaboré avec un « soin minutieux et déjà bien des fois retouché, sévèrement sur- « veillé par l'Administration, soumis à un contrôle permanent dont « les compagnies font elles-mêmes les frais, constamment discuté « devant tous les tribunaux de l'Empire, un tel régime ne constitue « pas un monopole. Il se nomme concession, contrat, et contrat à « titre onéreux [1] ». Il s'en faut, d'ailleurs, que le privilége laissé aux compagnies soit tel qu'on le représente au public. Pour les petits parcours, le roulage réussit mieux qu'elles ; quant aux localités éloignées, il n'est pas rare que des concurrents puissent y atteindre, par un détour, à des prix assez bas pour leur faire échec. Les transports de Bordeaux à Paris se faisaient à bon marché par le Havre : la compagnie d'Orléans a dû réduire ses tarifs ; le jour où elle les relèverait, la navigation reprendrait faveur. De Paris en Suisse on passait par Bâle et la ligne de l'Est ; celle de Lyon y conduit maintenant par Genève ou Les Verrières. Presque toutes les Compagnies ont ainsi à lutter, soit avec une rivale, soit avec le cabotage, dont les prix sont extrêmement réduits, soit enfin avec des rivières ou des canaux parallèles à leurs principales lignes : le Midi seul réunit dans ses mains l'exploitation du chemin de fer et de la voie d'eau directe. Encore faut-il dire que les Compagnies de la Méditerranée et d'Orléans ont pu, au moyen de tarifs combinés, amener par la ligne du centre jusqu'à Angoulême, les vins du Languedoc qui auraient dû naturellement suivre la direction de Bordeaux, et cette concurrence a mérité que les administrateurs du Midi la signalassent cette année, dans leur rapport aux actionnaires, comme une des causes de la diminution des recettes. Notons qu'elle serait encore plus facile le jour où la ligne du Vigan à Milhaud serait concédée. Le monopole, si monopole il y a, est donc restreint dans d'assez étroites limites, et l'extension du réseau tend à le réduire encore ; nous en arrivons au point où les chemins de fer sont obligés comme les chemins de fer anglais, mais sauf l'agrément de l'administration supérieure, de s'entendre pour mettre un terme à une lutte qui deviendrait ruineuse.

[1] Lettre des présidents de la Compagnie de Paris-Lyon-Méditerranée du 1ᵉʳ mai 1862.

En définitive, la question que les esprits sérieux doivent se poser est celle de savoir si le public est bien servi : si, dans les conditions données, il pourrait l'être mieux. Le pays gagne, au monopole des grands établissements industriels, le bon marché des produits. Ce qu'il gagne au monopole des sociétés de crédit, ce n'est pas ici le lieu de l'examiner. Mais les chemins de fer ont fait pour lui plus que pour aucune autre contrée, y compris l'Angleterre. Ils lui ont donné un énorme accroissement de richesses, qui se développent pour ainsi dire à vue d'œil, malgré certaines dépenses mal entendues. Ils lui en donneront plus encore le jour où ils auront poussé plus avant leur œuvre ; le jour surtout où, dégagés des préjugés surannés du commerce, des routines administratives et de leurs propres préoccupations, ils pourront user librement de leur initiative recouvrée pour suivre les seules inspirations de l'esprit de progrès.

PARIS. — IMP. SIMON RAÇON ET COMP., RUE D'ERFURTH, 1

PARIS. — IMP. SIMON RAÇON ET COMP., RUE D'ERFURTH, 1. —